管理会计实操从入门到精通

包红霏 刘金熳 杨帆 著

中华工商联合出版社

图书在版编目（CIP）数据

管理会计实操从入门到精通 / 包红霏，刘金熳，杨帆著. -- 北京：中华工商联合出版社，2022.3

ISBN 978-7-5158-3344-6

Ⅰ.①管… Ⅱ.①包… ②刘… ③杨… Ⅲ.①管理会计 Ⅳ.①F234.3

中国版本图书馆CIP数据核字(2022)第038206号

管理会计实操从入门到精通

作　　者：	包红霏　刘金熳　杨　帆
出 品 人：	李　梁
责任编辑：	胡小英
装帧设计：	焱　玖
责任审读：	付德华
责任印制：	迈致红
出版发行：	中华工商联合出版社有限责任公司
印　　刷：	北京昊鼎佳印印刷科技有限公司
版　　次：	2022年6月第1版
印　　次：	2022年6月第1次印刷
开　　本：	670mm×950mm　1/16
字　　数：	160千字
印　　张：	14
书　　号：	ISBN 978-7-5158-3344-6
定　　价：	49.50元

服务热线：010—58301130—0（前台）

销售热线：010—58302813（网店部）
　　　　　010—58302166（门店部）
　　　　　010—58302837（馆配部、新媒体部）
　　　　　010—58302813（团购部）

地址邮编：北京市西城区西环广场A座
　　　　　19－20层，100044

http://www.chgslcbs.cn

投稿热线：010—58302907（总编室）

投稿邮箱：1621239583@qq.com

工商联版图书
版权所有　侵权必究

凡本社图书出现印装质量问题，请与印务部联系。

联系电话：010—58302915

序言

  本书将管理会计教材和管理会计应用指引有机融合，是一本引导读者循序渐进地学习管理会计基本方法的工具书。本书分为四个部分：第一部分为管理会计概论，包括第一章至第二章，主要介绍管理会计基本理论与基础知识；第二部分为管理会计决策方面的内容，包括第三章至第五章，主要介绍日常经营决策、长期投资决策、融资决策；第三部分为管理会计规划、控制与评价方面的内容，包括第六章至第九章，主要介绍战略成本管控、经营预测、预算管理、绩效管理；第四部分包括第十章和第十一章，主要介绍管理会计报告系统、Excel在管理会计中的应用。

  本书主要有以下特色：

  一、注重时效性。本书以财政部发布的《管理会计基本指引》以及多项应用指引为依据，力求在具体阐述时能够体现管理会计的新发展、新趋势，让读者了解并掌握我国管理会计体系建设在快速推进阶段的理论方法和分析工具。

  二、注重实用性。本书从理论指导过渡到企业应用实践，有助于读者利用管理会计工具制定相关的企业管理决策。

三、注重综合性。本书按照"基本理论与基础知识——决策、规划、控制与评价会计——管理会计报告"的逻辑关系来构建全书的篇章体系，对各部分内容的广度和深度做了恰当限定。

本书由沈阳建筑大学包红霏教授提出框架设计并最后统撰定稿，由包红霏、杨帆、刘金熳撰写。此外，贾婷婷、李佳欣、刘明宸、纪铧益也为本书做了搜集资料、核对等工作。本书在编写过程中借鉴并参考了国内外一些已出版和已发表的著作与文献，在此一并表示衷心感谢！

目录

第一章 初步认识管理会计

第一节　管理会计的形成与发展　　002

第二节　管理会计的含义与作用　　006

第三节　管理会计的四要素　　010

第二章 学习管理会计中的成本分析

第一节　成本性态分析　　016

第二节　变动成本法与完全成本法　　020

第三节　本量利分析　　024

第三章 日常经营中的决策分析

第一节　经营决策分析简述　　036

第二节　如何进行品种决策　　038

第三节　如何进行定价决策　　　　045

第四节　如何进行存货决策　　　　049

第四章　长期投资中的决策分析

第一节　货币时间价值的计算　　　　056

第二节　现金流量的计算　　　　062

第三节　长期投资决策指标　　　　066

第四节　长期投资决策分析方法的应用　　　　073

第五章　融资管理中的决策分析

第一节　融资方式的比较　　　　080

第二节　融资的资金成本认知　　　　084

第三节　如何进行资本结构决策　　　　089

第四节　营运资金管理策略　　　　092

第六章　战略成本管理强化成本管控

第一节　战略成本管理概述　　　　096

第二节　战略定位分析　　　　100

第三节　价值链分析　　　　107

第七章　日常经营中的预测分析

第一节	经营预测概述	116
第二节	如何进行销售预测	118
第三节	如何进行成本预测	124
第四节	如何进行利润预测	129
第五节	如何进行资金需要量预测	133

第八章　预算管理

第一节	概述	140
第二节	预算编制	143
第三节	预算执行和考核	150

第九章　绩效评价会计

第一节	传统的绩效评价——责任会计	154
第二节	综合的绩效评价	158
第三节	综合绩效评价方法的具体应用及评价	161

第十章　企业管理会计报告

第一节	企业管理会计报告的定义和目标	170
第二节	战略层管理会计报告	173
第三节	经营层管理会计报告	176
第四节	业务层管理会计报告	180

第十一章　Excel在管理会计中的应用

　　第一节　货币时间价值的计算　　184

　　第二节　敏感性分析　　197

　　第三节　财务预测　　202

　　第四节　全面预算的编制　　209

第一章

初步认识管理会计

- 管理会计的形成与发展
- 管理会计的含义与作用
- 管理会计的四要素

第一节　管理会计的形成与发展

管理会计是随着企业管理实践和理论的发展而逐渐形成的，并从传统财务会计中分离出来，具有现代意义的会计分支。

一、管理会计的提出

正如财务会计的形成与经济学的发展密切相关，管理会计的形成则与管理学的发展相辅相成。

1. 泰勒的科学管理理论

被誉为"科学管理之父"的泰勒于20世纪初提出了科学管理理论，这一理论为管理会计的提出创造了条件，在此理论基础上形成的一系列科学管理制度也引起了企业管理的重大变革。科学管理制度中最重要的一点就是制定与生产劳动相关的各种标准，这些标准涵盖劳动工具、原材料、工作时间、工作定额等各个方面，并在实际生产中，对照标准，超额完成的产量或节约的时间，这部分工作成果实行累进计件工资制。同一时期，哈林顿·埃默森在成本管理方面提出了结合实际生产的标准人工成本法，而管理学家甘特又将这种理念推广到了材料成本和制造成本的管理中，后来标准人工成本法逐渐发展成为标准成本，得到推广并形成相关制度。当时的美国政府机关和民间企业也在对各项管理费用实行预算控制制度。

在企业的创立与运营过程中，标准成本制度与预算控制制度可以看作是管理会计的两大支柱，但在当时并没有管理会计这一名称，因此二者仅被视为成本会计的组成部分。管理会计正式出现于20世纪20年代，美国的奎因坦斯在《管理会计：财务管理入门》一书中首先提出"管理会计"这一名称，但当时管理会计还仅仅被视为企业内部进行的财务管理。

2. 威廉斯的变动成本概念

20世纪20年代，美国学者威廉斯根据生产成本的各部分与产量之间的关系将成本划分为固定成本和变动成本。变动成本是指与产量成比例变化的成本，而固定成本则与产量的变化无关。同时期稍晚，美国学者哈里斯提出了区别于传统成本法的变动成本法，并以此为基础进行企业的盈亏平衡分析，这使得管理会计的内容得到了进一步的丰富与发展。

3. 梅奥的行为科学理论

美国哈佛大学的梅奥教授等通过"霍桑实验"证实，从社会学、心理学等角度激励劳动者，对提高劳动生产率而言是十分必要的。他们还提出了民主管理、参与制、职权分散、目标一致等理论和方法，这在客观上为管理会计添加了目标管理、责任会计等新内容。

二、管理会计的形成

1. 以西蒙"决策论"为代表的现代管理科学理论

20世纪50年代，一种新兴的管理理论——现代管理科学理论开始形成，这一理论以运筹学和行为科学为基础，将企业经营决策的正确性放在首要位置。西蒙的"决策论"可以作为这种理论的典型代表，"决策论"指出：管理的重心在于经营，经营的重心在于决策。

受现代科学管理理论影响，会计研究的重点开始从对经济业务过程的反映和事后分析逐渐转向对经济业务的事前预测和过程控制。为了加强企业内部管理，出于决策需要，一些现代的数学方法被引入会计领域，于是，从传统会计相应分离出更具有现代意义的分支——管理会计。

2. 信息经济学理论、代理理论、交易成本理论的引入

信息经济学理论是了解和分析管理会计系统的基本原则。根据信息经济学理论，管理会计人员要以对决策的有用性为出发点来要求会计信息，从而在不确定的环境中选出能帮助企业合理决策的会计系统。经济学家乔治·斯蒂格勒曾在论文中提到，信息经济学能够分析不同信息系统对经济的影响，并对其提出要求。如果将会计系统看作一个信息系统，那么对于在会计研究中涉及的信息系统的经济性必须遵循一定的原则和要求。

代理理论在信息经济学的基础上，将适用于单人决策的情形发展到适用于多人决策的情形，这一理论将会计信息看作委托人与代理人之间建立契约的基础，将企业看作委托人和代理人以契约的形式联结而成的复合体。而管理会计信息系统通过提供信号为委托人和代理人的决策提供参考。

交易成本理论是与代理理论同时期形成的。交易成本理论认为企业是为了应付不确定的环境而建立的合作组织，交易在企业内部完成可以避免市场交易中可能产生的低效率和成本损耗。通过这一理论，企业各层级管理者的期间成本支出问题、责任会计中的权责界定问题、服务于战略的成本会计定位问题都能在一定程度上得到解释。

三、管理会计在我国的发展历程

1. 管理会计在我国的引进

随着我国的改革开放，管理会计的概念于20世纪70～80年代传入我国。第一部相关著作是在20世纪70年代由当时的机械工业部组织翻译的《管理会计》一书；到了20世纪80年代，各家出版社又相继出版了管理会计普及读物以及适用于不同财经类院校的相关教材。除出版物外，为了推进管理会计在国内会计行业的普及，财政部、教育部还相继在全国范围内组织了管理会计师资格培训。但由于当时我国的经济改革刚刚开始，会计体制和方法整体还处于计划经济阶段，因此管理会计很难取得从理论到实践的发展和突破。

2. 管理会计在我国的发展

在改革开放不断深化的大背景下，我国社会主义市场经济体系逐步确立并不断完善，为了适应市场经济的需求，更好地与国际接轨，我国的财务会计制度于1993年进行了改革，借此机会，管理会计得以进一步发展。近年来，尽管我国相关领域的学者不断探索并尝试建立具有我国特色的管理会计体系，但理论方面依然尚未取得突破，实践方面仍有许多企业没能将管理会计应用到实际中，缺乏基于行业特点的管理会计理论和实践。

3. 管理会计在我国的现状

当下，我国经济的发展方式正从注重规模与速度逐步转向注重效益与质量，提高企业整体效率、强化内部管理已然成为企业发展的长期目标。随着我国会计准则的逐步合理化、规范化，管理会计作为经济管理的重要组成部分正发挥着越来越重要的作用，我国的管理会计体系也逐步健全起来。

近年来财政部相继发布了一系列管理会计建设规范，从2014年10月《关于全面推进管理会计体系建设的指导意见》，到2016年6月《管理会计基本指引》（以下简称《基本指引》），再到2017年9月《管理会计应用指引第100号——战略管理》等22项管理会计应用指引，2018年12月《管理会计应用指南第204号——作业预算》等5项管理会计应用指引标志着管理会计指引体系在我国已基本建成。管理会计在企业发展中的战略导向与信息支撑作用正吸引越来越多的目光，得到社会各界的广泛认可。

第二节　管理会计的含义与作用

一、管理会计的含义

财政部发布的《基本指引》中指出，管理会计的目标是"通过运用管理会计工具方法，参与单位规划、决策、控制、评价活动并为之提供有用信息，推动单位实现战略规划"。本书提及的管理会计主要是指《基本指引》中所界定的范畴，《基本指引》还阐述了管理会计的适用范围、实现条件、主要职能、目的对象等内容。

二、管理会计的作用

根据《基本指引》，管理会计应以持续创造价值为核心，遵循战略导向原则。在信息技术高速发展的今天，管理会计作为重要的管理工具，在经济前景预判、发展目标规划、经营决策制定、经济过程控制以及经营绩效考核等方面都发挥着越来越重要的作用，具体来看，管理会计的作用主要体现在以下几方面。

1. 涵盖企业管理的基本职能

管理会计的作用涵盖企业管理的各项基本职能，主要体现在决策、计划预算、组织实施及控制等方面。决策、计划预算通常是指经济前景的预测、经营决策的制定以及经营目标的展望等；组织实施及控制则为按照计划展开，控制的过程也就是推动经营行为按计划开展的过程。在企业经营活动的整个过程中，要不断对比实际情况与计划之间的差距，并分析差距产生的原因，采取相应的措施来确保计划的顺利推进。

2. 为企业未来发展提供较为完整的信息

财务会计是对企业已经发生的经济活动进行记录和描述，其提供的会计信息可以看作是历史信息，因此，财务会计对企业未来发展能够起到的引导作用较为有限。而管理会计作为会计领域的分支，其核心职能就是按照管理需求对财务会计所提供的历史信息加以分析研判，找出潜在的联系，从而为企业后续的经营活动、发展方向、战略选择等提供参考借鉴。

3. 是企业计划、决策的重要手段

要进行企业管理，仅仅获取信息是不够的，重点在于有效地运用这些信息，管理会计的任务就是将财务会计所提供的信息进行综合，并应用于管理之中。举例来说，财务会计可以提供成本、价格、收入、费用等基本信息，这些数据虽然能够独立反映当下已经发生的经济业务，但对后续经营的借鉴意义有限，此时就需要管理会计发挥作用，对这些数据整合并分析。从管理会计的角度出发，不仅要关注收入，还要关注销售量；不仅要关注费用，还要将整体费用划分为固定成本及变动成本，综合考虑成本、销量、目标利润等信息，从其相互关系中总结经验，合理制订下一步的销售计划及发展方向。

4. 为日常管理和业绩考评提供依据

企业管理的主要内容之一就是事前计划，制定预算、定额、标准等一系列指标，并考核评价这些指标的完成情况，找出差异并分析原因，适当调整以便按计划完成目标，管理会计可以为上述一系列活动提供依据。举例来说，对企业而言，劳动生产率是衡量经营情况的重要指标，这一指标是由销售额与用工数量之比得到的，财务会计能够提供销售额，人力资源部能够提供用工数量，管理会计则负责在综合考虑本地区同行业企业劳动生产率整体水平的基础上，提出本企业的这一指标预期应达到的水平，并

据此对本企业劳动生产率进行考核评价。

三、管理会计与财务会计的关系

财务会计是对资产、负债、所有者权益及其变动情况，以及收入、费用和利润进行核算、监督的活动与过程。作为传统会计的两大分支，管理会计与财务会计既有联系又有区别。

1. **管理会计与财务会计的联系**

（1）财务会计为管理会计提供基础的财务数据。管理会计要履行统筹预测等职能就需要财务数据的支撑，而这些财务数据是由财务会计提供的，可以说如果离开财务会计，管理会计就无从谈起。譬如，管理会计要进行目标利润的预测、考核和控制，就离不开收入、费用、利润等基础的财务数据。

（2）管理会计能够促进财务会计工作。通常来讲，财务会计对经营活动进行核算与监督，向利益相关者提供企业的财务状况与盈利能力等相关信息，这种核算只进行到企业。而管理会计的核算是以企业内部管理为目的进行的，核算细化到经济责任单位，这种更为深入的核算客观上对财务数据提出了更高、更详细的要求，促进了财务会计工作的发展。

（3）财务会计与管理会计的信息可以兼容共享。财务会计形成的对外公布的报表，如"资产负债表"和"利润表"等可供管理会计在内部行使控制、预测等职能时使用；同样，管理会计进行分析时所需的内部报表也可以作为对外公布的报表使用。例如，"现金流量表"在以往仅作为内部报表供企业进行管理决策使用，到1992年，财政部发布《企业财务通则》和《企业会计准则》后才将其规定为对外报表。

（4）由于管理会计的分析是以财务会计的数据为基础的，因此财务会计的体制对管理会计的体制具有一定程度上的决定作用，财务会计的发展程度也能够对管理会计的发展产生影响。

第一章　初步认识管理会计

2. 管理会计与财务会计的区别

（1）作用不同。财务会计报表的主要作用是向投资人、债权人、税务机关等报表使用者提供企业相关的财务及经营成果数据。管理会计的作用则是向企业内部提供经过整合、处理的财务信息，为企业的预测、决策、控制和考核等管理行为提供借鉴的依据。尽管财务会计与管理会计的侧重点不同，但整体来看，二者作为会计的不同分支都是为企业的发展而服务的。

（2）方法不同。财务会计自身有一套比较严格的规范和制度，从原始凭证的录入、核算方法到账簿的设立、记账方式等各个方面都应严格按照会计准则的规定执行，以保持会计信息的可比性。而管理会计则没有既定的统一规范，企业可以结合自身的实际情况，以灵活多样的方式进行，还可以根据需要随时对财务数据进行整理和分析。

（3）目标不同。财务会计记录及核算的对象通常为已经发生的经济事项，在时间上侧重于当时和事后。管理会计在时间上则更多地面向未来，它利用财务数据为市场环境预测、经营决策制定等管理行为提供依据。

（4）功能不同。财务会计的功能在于反映企业整体财务状况，如会计的六要素所反映的就是企业整体性、系统性、综合性指标。管理会计则是在关注整体的基础上，兼顾局部，既着眼企业又立足于部门、班组等经济责任单位。管理会计内容中包含"决策会计"与"执行会计"，其中"决策会计"的主要功能是确定目标、制订计划、规划未来、选择方案，提高企业整体效益，"执行会计"则主要负责将整体目标分解到部门、班组，落实责任，控制监督，跟踪考核等。

（5）组织形式不同。对于财务会计，所有企业都需要设立专门的财务岗位和部门以满足核算的需要。管理会计则无须某种专门的组织或部门，企业中的所有职工，特别是各岗位的管理人员，都可以利用管理会计的知识和方法，针对自己管辖的部分或是关心的经济内容进行分析。

第三节 管理会计的四要素

《基本指引》将管理会计的四要素界定为应用环境、管理会计活动、工具方法、信息与报告,这四要素构成了管理会计应用体系的具体内容。

一、管理会计的应用环境

在管理会计的四要素中,"应用环境"列于首位,这无疑说明了在管理会计中应用环境的重要性。

按照《基本指引》的规定,管理会计应用环境,包括内部、外部环境,是单位应用管理会计的基础。内部环境主要是指与管理会计建设和实施相关的价值创造模式、组织架构、管理模式、资源保障、信息系统等因素;外部环境主要是指国内外经济、市场、法律、行业等因素。

1. 内部环境

与外部环境相比,内部环境可以说是企业优化的重要落脚点。

(1)价值创造模式。《基本指引》规定"单位应准确分析和把握价值创造模式,推动财务与业务等的有机融合"。

企业在创造价值的过程中,需要一个能够衡量价值的管理控制系统作为参考,管理会计在这方面具备其特有的优势,它能够在企业做出与价值创造相关的决策时提供财务与非财务信息,支撑企业可持续发展。管理会计的本质就是服务于企业的价值创造,提高价值创造的效率与速度。

（2）组织架构。《基本指引》规定"单位应根据组织架构特点，建立健全能够满足管理会计活动所需的由财务、业务等相关人员组成的管理会计组织体系。有条件的单位可以设置管理会计机构，组织开展管理会计工作"。

组织架构的设立与企业的商业模式和管理要求等因素密切相关，近年来管理会计的作用日益凸显，越来越多的企业开始设立专门的管理会计机构，以确保管理会计工具的充分运用以及综合财务信息的及时生成，更好地为管理决策服务。

（3）管理模式。《基本指引》规定"单位应根据管理模式确定责任主体，明确各层级以及各层级内的部门、岗位之间的管理会计责任权限，制定管理会计实施方案，以落实管理会计责任"。

简单来说，处于不同岗位需要完成的工作内容以及承担的责任就是岗位职责，企业会计部门的有效运转需要每个岗位的会计人员都明确并严格履行自己的岗位职责。

（4）资源保障。《基本指引》规定"单位应从人力、财力、物力等方面做好资源保障工作，加强资源整合，提高资源利用效率效果，确保管理会计工作顺利开展"。

人力资源在管理会计应用环境中可以发挥积极主动的作用，通过规范工作流程、细化职责与分工来推进价值管理工作顺利进行；财力资源是业务能力的经济基础，其中最主要的资源就是资金，财力资源管理的重点是加快资源周转速度；物力资源作为企业基础的保障，其差异程度也就是企业先进程度的外在表现。

（5）信息系统。《基本指引》规定"单位应将管理会计信息化需求纳入信息系统规划，通过信息系统整合、改造或新建等途径，及时、高效地提供和管理相关信息，推进管理会计实施"。

流程化管理的实现依赖于信息系统的构建，在多维的信息系统中，企业创造的人、财、物等资源始终处于紧密的一体化状态。这种信息系统更能反映企业经济行为的价值创造属性及共享价值创造的全过程。

2. 外部环境

外部环境指的是企业所面临的经济、市场、法律、行业等大环境。在外部大环境的背景下，管理会计的重要职能就是通过提供有价值的信息来帮助经营者做正确的决策，当然，要想充分实现这一职能就需要在平等、公正、高灵敏度的市场经济条件下进行。

二、管理会计活动的内容

《基本指引》中将"管理会计活动"准确地界定成管理会计"信息支持"与"管理控制"两个方面，因此，管理会计活动应该包括以下内容：

1. 参与并支撑企业进行合理的战略规划，为战略定位、目标设定、方案选择等提供信息支持。

2. 面向企业各层级管理者提供有效信息，促进业财融合，推动各部门围绕整体战略规划做出决策。

3. 完善控制流程，在全面分析的基础上得出定性及定量指标，并以此为基础深入沟通、协调，建立反馈机制，推动企业不断提升战略规划的质量与效率。

4. 在综合分析各类信息的基础上，以评价战略实施情况为目的设计评价体系，并据此进行考核与激励。此外，还应结合实际效果不断完善、改进管理会计的应用。

三、管理会计的工具方法

管理会计的工具方法，顾名思义，就是为实现管理会计目标而采取的具体手段，管理会计工具可以是某一种方法，也可以是若干种方法的组合，或者是对不同方法的整合。为规范、健全我国的管理会计应用体系，自2017年10月起，财政部陆续发布了一系列管理会计的应用指引，截至2018年底，前后共分三批次发布了总计34项应用指引，其中包含8项概括性指引和26项具体工具指引。

概括性指引总共为8项，对应具体工具方法所涉及的8个领域，分别为：战略管理、预算管理、成本管理、营运管理、投融资管理、绩效管理、风险管理以及其他领域管理，概括总结了各领域相关的管理程序。

工具方法指引共计26项，分别介绍了上述领域内可以应用的工具方法有哪些、适用于什么环境、如何应用、后续怎样进行评价等，便于企业结合自身情况做出横向选择。由于管理会计借鉴了其他学科的方法和原理，因此管理会计的工具方法具有开放性，并且随着实践的发展逐步完善。

将管理会计的各领域与具体的管理会计工具对应起来，将会呈现这样的结果：战略管理领域包含战略地图；预算管理领域包含滚动预算、零基预算、弹性预算、作业预算；成本管理领域包含目标成本法、标准成本法、变动成本法、作业成本法；营运管理领域包含本量利分析、敏感性分析、边际分析、内部转移定价、多维度盈利能力分析；投融资管理领域包含贴现现金流法、项目管理、情景分析、约束资源优化；绩效管理领域包含关键绩效指标法、经济增加值法、平衡计分卡、绩效棱柱模型；风险管理领域包含风险矩阵、风险清单；其他领域管理包含企业管理会计报告、管理会计信息系统、行政事业单位的管理会计等内容。

四、管理会计的信息与报告

管理会计的第四个要素是信息与报告，信息分为财务信息和非财务信息，财务信息与非财务信息都在管理会计中起重要作用。会计报告则是反映财务情况的载体，同时也是管理会计的重要表现形式。

在管理会计报告体系中，报告主体分为战略层（高层）、经营层（中层）、作业层（基层），管理会计报告也由此划分出面向战略层、经营层、作业层的管理会计报告。战略层报告主要提供公司战略目标制定、战略规划与执行等相关信息；经营层报告主要提供经营过程中的决策与规划、客户管理等信息；作业层报告主要提供采购、研发、生产、投资、利润等信息。

从整体上看，管理会计报告体系作为一种对内报告形式，向管理者提供及时、可靠的相关信息，能够弥补现行财务会计报告的一些缺陷，帮助企业的战略层、经营层、作业层之间进行有效的信息传递、协调与沟通，为企业管理者提供决策信息支持，使企业资源得到有效整合，提高企业经济效益并创造价值，尽可能地实现企业价值最大化。

第二章

学习管理会计中的成本分析

- 成本性态分析
- 变动成本法与完全成本法
- 本量利分析

第一节　成本性态分析

对已经发生的成本，企业需要进行成本分析，也就是探寻这些成本发生的原因以及它们围绕什么因素变化，这种对企业成本变化规律的探索，在西方的管理会计教材中也称为成本行为（Cost Behavior）。

成本性态是从成本变化规律中发展出的相关概念，所谓成本性态就是成本对业务量的依存关系。成本与业务量之间的关系是客观存在的，且有规律可循，按性态来划分成本可以说是管理会计这一学科的重要基石，管理会计进行决策的许多情形都会用到成本性态这一概念。

根据业务量变化时成本是否随之改变这一特点，可以将成本划分为固定成本、变动成本、混合成本三类。

一、固定成本

1. 固定成本的定义

固定成本就是在一定的范围内，不随业务量的变化而变化的成本。比如，不动产税、按直线法计提的固定资产折旧费、职工教育培训费等，都可以划归为固定成本。固定成本的总额是不随业务量变化的，每单位业务量分摊的固定成本额会随着业务量增加而减少。

2. 固定成本的分类

固定成本又可以细分为酌量性固定成本和约束性固定成本，划分依据主要是成本固定性的强弱。

酌量性固定成本的固定性较弱，管理者可以根据实际生产经营需要改变其数额。比如，企业的开发费用、广告费用、职工培训费用等都属于企业的酌量性固定成本，这些费用投入的多少会对企业的竞争力造成直接影响，因此在每次制定这部分预算时，需要经营者在充分调研的基础上做出审慎决策。

约束性固定成本的固定性则相对较强，是不受管理者决策支配的成本。比如，固定资产按照直线法计提的折旧额、大型机器设备等的租金、保险费等都属于企业的约束性固定成本，这些成本是企业维持正常经营必须支付的最低固定成本，其大小只取决于企业的规模与经营能力。

综上，从短期决策出发，无论是酌量性固定成本还是约束性固定成本，均与企业的业务量水平没有直接关系。

3. 固定成本的相关范围

固定成本的"固定性"并非绝对的，而是具有一定的限定条件。这种限定条件就是我们所说的"相关范围"，具体来说就是在一定的时间范围和一定的空间范围内。

在时间范围方面，固定成本的固定性只局限在一定的时间内，因为从长期来看，任何成本都是具有变动性的。通常来讲，企业在正常经营发展的状态下，其规模都会逐渐扩大，随之而来的就是固定成本的增加。

在空间范围方面，固定成本的固定性只限于一定的业务量范围内。业务量一旦扩大到超过某一点，势必会引起企业规模的扩大，具体表现为机器设备的更新换代及厂房的扩建等，相应的固定成本支出也会扩大。

二、变动成本

1. 变动成本的定义

变动成本就是在一定的范围内，随着业务量的变化而变化的成本，比如，直接材料费、包装费、按工作量法计提的折旧费用等都可以归属为变动成本。与固定成本恰好相反的是，变动成本的总额会随着业务量的改变呈正向变化，但每单位业务量分摊的变动成本额维持不变。

2. 变动成本的分类

与固定成本分类方式相同，变动成本也可以细分为酌量性变动成本和约束性变动成本。

酌量性变动成本通常能够被企业管理者的决策改变，比如计件工人的薪资、按比例发放的销售奖励等，管理者会根据劳动力市场情况与产品市场情况酌情决定这些成本费用的发放比例。

约束性变动成本是指管理者决策也改变不了的变动成本，比如生产产品所需的耗材等。这些成本受企业所生产产品的种类、性质以及所需材料等的市场价格等约束，管理者的决策无法左右其数额，约束性变动成本的重大改变只有在企业主营产品转型的情况下才会发生。

综上所述，无论是酌量性变动成本还是约束性变动成本，它们的单位量是不变的，但其总量会随着产量的增加而增加。

3. 变动成本的相关范围

与固定成本相同，变动成本随着业务量的增加而呈现的正向变动也是在一定范围内的，如果业务量的增长超过了这一范围，变动成本的增长可能会打破原有的线性关系。

比如，在产品的产量较小时，无法取得批量优惠，那么材料费用和人工成本都会较高；随着产量的进一步扩大，由于规模较大会获得某些折扣从而使得成本下降；如果产量继续上升，突破一定的限度，可能需要支付给工人加班酬劳等，导致成本转而上升。综上所述，变动成本的变动方向与产量的范围密切相关。

三、混合成本

按字面理解，混合成本就是指兼备固定成本与变动成本的成本。根据前文所述，出于决策需要将成本按照性态划分为固定成本与变动成本，但在实际的生产经营中，一些成本并不能完全按照这两种性态来区分。这些成本的总额虽然与产量相关，但并不存在准确的比例关系，此时这种成本就可以被称作混合成本。实际上，企业的总成本就可以被看作是混合成本。

通常来讲，混合成本大体包含以下两类：

1. 半变动成本

半变动成本在混合成本中比较具有代表性，这类成本在业务量尚未发生时就有一定的基础值，具有固定成本的特征，随着业务量逐渐增加，成本在此基数上成比例增加，表现出变动成本的特征。比如，企业支付的水电费、办公电话费等都属于半变动成本。

2. 半固定成本

半固定成本的数值在初始范围内是不随产量的变化而变化的，表现出固定成本的特征，直到产量突破一定范围，成本会直接增长到某一数值并在新的范围内保持不变，直到产量跃升到下一范围。也就是说，半固定成本每次增长的一小步积聚成前文中提到的固定成本超出范围的一大步增长。

总的来说，在实际生产经营活动中，具体情况较为复杂，成本种类也很多，并非所有成本都能被归于前文所述的类别中，成本类型的具体情况需要结合实际进行大致的性态判断。

第二节 变动成本法与完全成本法

根据成本的不同形态，成本核算方法又可以分为变动成本法与完全成本法。

变动成本法，是指在核算产品成本时，只计算生产消耗的直接材料、直接人工和制造费用中的变动部分，而将制造费用中的固定部分作为期间费用在期间收入中扣除。

与变动成本法不同的是，财务会计中的成本核算不仅仅包含了产品生产过程中所消耗的直接材料、直接人工，还包括全部的制造费用，所以，管理会计将这一传统成本核算称为完全成本法，用来区分两种不同的核算方法。

当今社会，在市场环境日益严峻的背景下，经营管理者需要对生产以及销售活动进行预判和控制，这就对会计信息提出了更高的要求，需要更加细化的成本信息来支撑决策。相较于完全成本法，变动成本法更注重对成本进行分解，有利于为企业决策提供有效信息。

一、变动成本法与完全成本法的比较

变动成本法与完全成本法的主要差异在于二者对制造费用中固定性部分的处理不同，而这种不同主要集中于产品成本构成、存货成本构成以及损益三个方面。

第二章　学习管理会计中的成本分析

1. 产品成本的构成内容不同

完全成本法将产品的全部成本分为制造成本和非制造成本两大类，制造成本中包括直接材料、直接人工和制造费用；非制造成本中包括管理费用、销售费用和财务费用等。在完全成本法下，核算产品成本时，将制造成本计入产品成本，而将非制造成本作为期间成本计入当期损益。

变动成本法则是根据性态，将制造成本区分为变动性和固定性两种，对变动性部分，将其与直接材料、直接人工一同计入产品成本；对固定性部分则与其他非制造成本一起计入期间费用。

2. 存货成本的构成内容不同

根据前文所述，在变动成本法与完全成本法下对产品成本分别核算时，产品成本的构成内容不同，产成品与存货的成本构成内容也随之不同。在变动成本法中，无论是产成品还是在产品，制造费用中只有变动部分才计入成本，存货计价也只计入这部分；在完全成本法中，在产品、产成品以及存货计价中的成本均包含制造费用中的固定性部分。按照这种计算方法，完全成本法下核算的范围较大，求得的存货成本必然会大于变动成本法下得到的存货成本。

3. 各期损益不同

从各期损益层面出发，在变动成本法下，固定性制造费用计入期间成本能够抵减当期损益；在完全成本法下，固定性制造费用计入产品成本，在产品售出时才会与其他成本项目一同结转损益。两种成本核算方法对损益产生不同影响的主要原因在于产品的销售情况。

假设产销基本平衡，当期产出的全部产品都能销售出去，则企业没有存货，两种成本核算法下结转的损益相同。假设产销不平衡，如果产大于销，则需增加库存；如果销大于产，则需调用上期库存来满足需求。在这种情形下，两种核算方法形成的损益自然会有所差异。

021

二、变动成本法和完全成本法的特点与利弊比较

实际上，完全成本法与变动成本法的本质区别在于怎样处理制造费用中的固定性部分，基于各自不同的特点，两种方法的特点与利弊分别如下。

1. 变动成本法的特点与利弊

变动成本法最主要的特征就是能够根据性态对成本进行分解，这一特征在辅助管理者进行决策中发挥着重要作用。

（1）以成本性态分析为基础计算产品成本。根据变动成本法的思想，只有变动性制造费用才与产品制造决策相关，固定性制造费用在短期内不会发生变化，也不受管理者决策影响，与产量无关。换言之，在变动成本法下，将固定性制造费用视作为了获得收益而损失的资产。

（2）重视产品销售对企业的影响。根据变动成本法的核算范围，存货无须负担固定性制造费用，因此在销售过程中，企业利润只与销量直接相关，销量高则利润大。因此，在这种成本核算方法下，销量对企业经济效益的影响较大，当供大于求时，对企业经营有一定指导意义。

（3）变动成本法是管理会计进行本量利分析的基础。管理会计中有一个重要的概念就是贡献毛益，这一指标与产品销售收入及变动成本间的差量相关，因而变动成本法下的数据信息能够促使企业重视各类成本对贡献毛益的影响，对企业的经营决策起到借鉴作用。同时，由于变动成本法在计算贡献毛益时不考虑固定性制造费用，这就避免了分摊时的随意性，使结果更准确。

当然，变动成本法也存在某些局限性。首先，财务会计中对成本核算有一定的要求，按照变动成本法得出的产品成本不符合会计准则的有关要求；其次，变动成本法的运用需要在能够合理分解成本性态的基础上进行，这一点较难做到。

2. 完全成本法的特点与利弊

相较于变动成本法，完全成本法无需对成本性态进行分解。

（1）认为制造费用中的固定性和变动性费用具有一致性。根据完全成本法的思想，只要是在产品生产过程中产生的消耗，都应无差别地在销售收入中进行弥补。

（2）重视产品生产对企业的影响。根据完全成本法得出的损益显示，利润会随着产量的增加而增大，尤其是在供不应求的情况下，企业为提高利润通常会增大产量。

与变动成本法相比，完全成本法反映了企业在生产过程中的全部消耗，显然更符合会计准则中规定的相关性原则，因此完全成本法下核算的产品成本能够直接用于公开的财务报告，弥补了变动成本法核算下的结果只能用于对内决策的不足。

综上所述，在对成本核算方法进行选择时，应对所处的市场环境、信息使用主体、管理目的进行分析后，合理选择，而且要注意信息的可比性。

第三节 本量利分析

一、本量利分析的基本假设

在管理会计服务于决策的过程中,较为重要的职能之一就是对成本、业务量和利润之间的内在规律进行系统性分析,这一分析方法被称为本量利分析。

本量利分析是一种在动态环境的基础上进行的分析,在分析时,为了对环境进行概括,就需要做出一系列理论上的基本假设。

1. 相关范围假设

在进行变动成本和固定成本的划分时,前提均为在一定的范围内,这个一定的范围就是在对成本进行性态划分时所设立的基本假设,同时,这个一定范围也是进行本量利分析的假设,假设包含了一定期间和业务量两个维度。

(1)期间假设。不管是固定成本还是变动成本,他们的性态都是在一定的期间内体现的,随着时间的推移,固定成本的总额与变动成本的单位数额会发生变化,因此本量利分析也需要在期间假设的基础上展开。

(2)业务量假设。通过性态区分所得到的固定成本和变动成本是在一定的业务量范围内计量而来的。换言之,假设业务量变化超过了一定范围,则成本的性态很有可能发生改变,因此从成本性态出发的本量利分析需要在业务量假设的基础上展开。

2. 模型线性假设

由于本量利分析的基础是成本性态的划分，利润的计算需要依赖成本数据，而要将混合成本加以分解会用到一些线性分析方法，因此本量利分析也需要通过相关假设来对分析范畴进行限定。

（1）固定成本不变假设。本量利分析首先假设固定成本不变。换言之，在企业的经营范围内，固定成本在一定的业务量范围内为常数，成本曲线为水平线。

（2）单位变动成本不变假设。与固定成本假设相似，变动成本假设是在一定范围内假设单位变动成本为常数，单位变动成本与业务量之间的线性关系用模型来表示为b=b′x（b为变动成本总额，b′为单位变动成本，x为业务量）。在这种假设下，变动成本表现为一条从原点出发的直线，该直线的倾斜程度取决于单位变动成本的数值大小。

（3）销售单价不变假设。在本量利分析中，为便于计算，通常假设产品的销售单价（简称售价）不变，销售收入与售量的关系用数学公式表示为I=I′x（I为销售收入，I′为销售单价，x为销量），销售收入表现为过原点的直线，直线倾斜程度取决于销售单价的大小。

3. 产销平衡假设

本量利分析的本质就是探究业务量会对成本和利润带来怎样的影响，而业务量的变化又涉及产出和售出两种因素，且一旦发生产销不平衡的情况，会引发连锁反应，使情况更复杂。因此，为了避免分析中的复杂局面，在本量利分析中通常会做出产销平衡假设，即产出与售出保持一致，而现实经营中存在的产销不平衡情况则可以以此为基础进行扩展分析。

4. 品种结构不变假设

在实际经营中，由于各类产品的获利能力不同，产品结构会对总收益产生较大影响。因此，为了避免产品结构对利润预估产生的影响，在本量利分析时通常会假设产品结构保持不变。

在前文的假设中，相关范围假设是本量利分析的出发点；模型线性假设则是其延伸；产销平衡假设和品种结构不变假设又是对相关范围假设和模型线性假设的进一步补充。所有假设都在一个共同假设，即成本性态可分假设的基础上展开，本量利分析要在企业成本能够合理进行固定成本与变动成本划分的前提下进行。

二、本量利分析内容

1. 盈亏临界点分析

盈亏临界点（又称盈亏平衡点）是指收入和成本恰好相等时的值，可以用销售量或销售额表示。本量利分析中，盈亏临界点的分析是关键，分析原理就是通过成本、售量、利润等因素之间的关系，来计算企业何时达到盈亏平衡，预测销量及成本的变化对利润的影响。盈亏临界点分析在企业的经营目标制定以及风险值预测方面都发挥着重要作用，能够帮助企业合理管控经营过程。

盈亏临界点的表示公式如下：

$$利润 = 销售收入 - 变动成本 - 固定成本$$

盈亏临界点就是使利润等于零的销售量或销售额，即：

$$销售收入 = 变动成本 + 固定成本$$

以盈亏临界点的定义为基础，管理会计提出了一个新的盈利概念——贡献毛益。贡献毛益是指扣减变动成本后的销售收入为企业盈利所做的贡献。在变动成本法下，变动成本就是产品整体成本，因此在变动成本法下的贡献毛益实际上就是该方法下的产品利润。贡献毛益与贡献毛益率的计算公式如下：

$$贡献毛益 = 销售收入 - 变动成本$$

$$贡献毛益率 = (销售收入 - 变动成本) \div 销售收入$$

$$= (销售单价 - 单位变动成本) \div 销售单价$$

在引入贡献毛益的概念后，盈亏临界点公式还可以演变为：

$$盈亏临界点销量 = \frac{固定成本}{销售单价 - 单位变动成本}$$

$$盈亏临界点的销量 = \frac{固定成本}{(销售单价 - 单位变动成本)} \times 销售单价$$

$$= \frac{固定成本}{贡献毛益率}$$

上述的盈亏临界点分析公式主要适用于生产产品单一的情况，如果企业的产品是多元化的，基于品种结构不变假设，盈亏临界点的销售额可以由各种产品的贡献毛益率加权平均计算得出，即：

$$多品种下企业总体的盈亏临界点销售额 = \frac{固定成本}{加权平均贡献毛益率}$$

$$加权平均贡献毛益率 = \sum (每种产品的贡献毛益率 \times 每种产品收入占比)$$

2. 盈亏临界点的相关计算模型

（1）盈亏临界点作业率。企业在盈亏平衡点的销售量与企业在正常市场环境下的实际销售量是有一定差距的，用来表示二者之间差距的指标就是盈亏临界点作业率。这一指标通过计算盈亏临界点的销售量占企业正常销售量的百分比得出。用公式表示为：

$$盈亏临界点作业率 = \frac{盈亏临界点销售量}{正常销售量} \times 100\%$$

实际上，上述比率表示的是企业在经营中若想实现保本，需要的业务量占正常业务量的比重。由于在实际经营中，企业通常会按照能够达到的销售量来安排生产，因此，盈亏临界点作业率也可以用来表示在能够实现保本时，企业生产能力的利用情况。

（2）安全边际。这一概念是在盈亏临界点的基础上展开的，安全边际就是实际销量超过临界点销量的差额，该差额说明了销量在达到临界点，即实现保本后，企业实际还有多大的获利空间，也可以说明实际销量降低至多少企业将发生亏损。

之所以引入安全边际概念，是由于盈亏临界点只能体现企业保本时的销量，而超过保本部分的销量才能为企业带来利润，超出的部分也就是安全边际形成的贡献毛益，超出部分越大，企业的利润也就越大。

安全边际可以用销量的差额表示，也可以用相对比率来表示，安全边际率公式如下：

$$安全边际率 = \frac{安全边际}{现有销售量或预计销售量} \times 100\%$$

3. 盈亏临界图

盈亏临界图就是以图示的方法来反映盈亏临界点，更为直观形象。盈亏临界图的基本形式是在直角坐标系内，绘制固定成本线（F）、销售收入线（Y_1）、总成本线（Y_2），坐标系中横轴表产量或销售量，纵轴表示成本和收入，总成本线与销售收入线的交点就是盈亏临界点（BEP），如

图2-1所示。

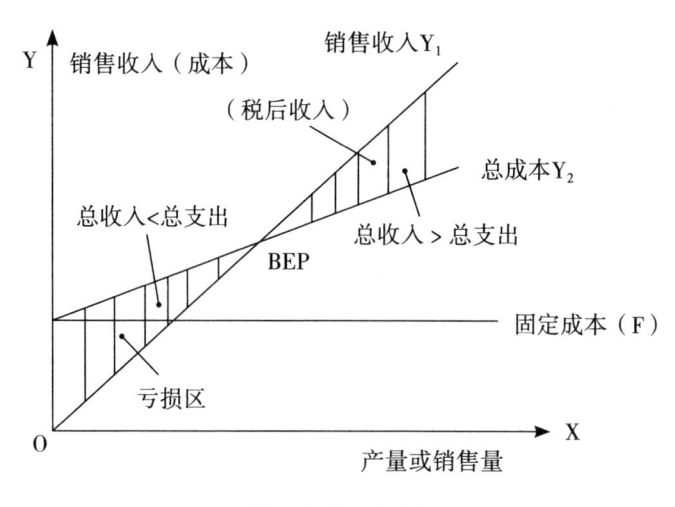

图2-1 盈亏临界图

综上所述，企业获利的大小取决于收入与成本之间的对比，结合贡献毛益的概念可知，只要销售收益高于单位变动成本，固定成本就会逐渐得到补偿，超过固定成本的部分会形成利润。盈亏临界点的具体位置则由固定成本、单位变动成本、销售单价共同决定，具体而言有以下几种形式。

（1）当固定成本、单位变动成本、销售单价不变时，盈亏临界点不发生变化，此时若产量或销售量超过临界点，则产量或销售量越多利润越大；如产量或销售量不足临界点，则产量或销售量越少亏损越小。

（2）当总成本保持不变时，盈亏临界点会随着销售单价变化，销售单价越高则临界点越低；销售单价越低则临界点越高。

（3）在销售单价、单位变动成本保持不变时，盈亏临界点会随着固定成本变化，这种变化是同向的，即固定成本越大盈亏临界点就越高；固定成本越小则盈亏临界点就越低。

（4）在销售单价和固定成本总额保持不变时，盈亏临界点会随着单位变动成本变化，变化是同向的，即单位变动成本高，盈亏临界点也随之变高。

三、实现目标利润分析

实际经营中企业所设立的目标利润既可以是某一盈利目标值，也可以是达到保本或控制住亏损的状态，因此盈亏临界点也可以被看作是特殊的目标利润。如果将本量利分析与目标利润相结合，就可以得到企业想实现目标利润应达到的售量或是销售收入等。在分析中，应当建立目标利润模型。

1. 实现税前目标利润的模型

假设：Vt表示实现目标利润的销售量、Pt表示目标利润、FC表示固定成本、SP表示单价、VC表示单位变动成本，则有Pt=Vt×（SP—VC）—FC，可变形为：

$$Vt = \frac{P_t + FC}{SP - VC}$$

即：

$$实现目标利润的销售量 = \frac{目标利润 + 固定成本}{单位产品贡献毛益}$$

上述模型表明，企业产品销售在补偿了固定成本（达到盈亏临界点）后，需要怎样的销售量才能实现目标利润。同样，实现目标利润的销售量也可以用金额来表示，即实现目标利润的销售额，只需将上式等号左右两边都乘以产品单价，即：

$$实现目标利润的销售量 = \frac{目标利润 + 固定成本}{贡献毛益率}$$

2. 实现税后目标利润的模型

通常来讲,企业在取得收入后需缴纳一定的所得税,而在进行目标利润的分析和预测时,也应考虑所得税部分,将其从收入中扣除。因此,在实际经营中,应从税后利润的角度进行目标利润分析,税后利润与税前利润的关系可以用下列公式表示:

$$税后利润 = 税前利润 \times (1 - 所得税税率)$$

$$税前利润 = \frac{税后利润}{1 - 所得税税率}$$

则

$$实现目标利润的销售量 = \frac{\frac{税后目标利润}{1 - 所得税税率} + 固定成本}{单位产品贡献毛益}$$

或

$$实现目标利润的销售额 = \frac{\frac{税后目标利润}{1 - 所得税税率} + 固定成本}{贡献毛益率}$$

所得税费用是企业的一项特殊支出,这项支出在企业处于亏损状态时不会发生,而当销售量超过盈亏临界点时,该项支出随利润的变动而变动,或者说随超过盈亏临界点销售量的变动而变动,其计算公式为:

$$所得税=利润×所得税税率$$
$$=超过盈亏临界点销售量×单位产品贡献毛益×所得税税率$$

四、本量利关系中的敏感性分析

企业的经营利润是由多种因素共同作用决定的,敏感性分析就是利用经济学领域中弹性的概念,分析单个因素变化能够引起的利润变化幅度。在本量利分析中,通过敏感性分析可以得出能够对企业利润产生较大影响的因素,帮助管理者科学制定利润目标并开展经营管理。

1. 有关因素临界值的确定

当能够影响利润的因素发生变动时,可能会引起利润的下降,一旦超过一定限度,就会进入亏损状态。进行敏感性分析就能够确定达到临界状态时各指标的值,也就是说能够通过分析,得出在不亏损的前提下,售量和单价的最小值与成本的最大值。

由实现目标利润的模型P=V×(SP-VC)-FC,可以推导出当P为零时,有关因素最大、最小值的相关公式:

$$V=\frac{FC}{SP-VC}$$

$$SP=\frac{FC}{V}+VC$$

$$VC=SP-\frac{FC}{V}$$

$$FC=V×(SP-VC)$$

2. 有关因素变化对利润变化的影响程度

各类因素对利润变化的影响程度各不相同,有些因素即使发生很小的变动,也会对利润产生较大影响,反之有些因素的变化并不能对利润产生十分显著的影响。出于决策需要，需要判断哪些因素是企业的敏感性因素，以便在经营管理的过程中抓住重点。利润受各个因素的影响程度、影响大小可以用敏感系数来表示，它的计算公式为：

$$敏感系数=\frac{目标值变动百分比}{因素值变动百分比}$$

若敏感系数大于零，表示该因素与利润同向变化；若敏感系数小于零，表明它与利润反向变化。具体来说，影响利润的各项因素的敏感系数为：

$$固定成本敏感系数=-\frac{FC}{P}$$

$$单位变动成本敏感系数=-\frac{V \times VC}{P}$$

$$单价敏感系数=-\frac{V \times SP}{P}$$

$$销售量敏感系数=\frac{V \times (SP-VC)}{P}$$

3. 敏感性分析的启示与经营杠杆的概念

（1）在本量利分析的基本假设下，企业利润函数呈线性表达，与销售价格、单位变动成本，销售量和固定成本这四个因素相关。在写出利润函数的表达式时，将经济学中弹性的概念与数学方法相结合，则可以得到各个因素对利润总额的敏感性系数，这也是本量利分析广泛应用于企业决策和管理实践中的重要体现。

（2）在管理会计领域，有一个较为重要的概念：固定成本会带来经营杠杆效应。不难发现，经营杠杆系数通过公式推导，就是指销售量对利润的敏感系数，其含义是销售量的一个较小的变动可以导致利润的较大变动，形成杠杆效应，原因就在于单位固定成本随着销量的增加呈边际递减的规律。在经营杠杆系数下，一些企业会做出薄利多销和提高产能的决策。

第三章

日常经营中的决策分析

- 经营决策分析简述
- 如何进行品种决策
- 如何进行定价决策
- 如何进行存货决策

第一节　经营决策分析简述

一、概念

经营决策分析是企业为实现经营目标，通过科学的方法整合企业内部条件和外部环境，从多种经营战略中选择符合成本效益原则的最优战略的过程。

按决策时间分为短期经营决策分析和长期经营决策分析。短期经营决策分析是指对一年以内的经济活动进行决策分析，一般情况下不包括追加固定资产投资。企业的日常经营中的决策分析一般都是短期经营决策分析。长期经营决策分析是指对一年以上且资金需要量较大的经济活动运用专门的方法进行科学分析的过程，通常来讲，长期经营决策分析会以经济效益及社会效益为考量，对众多方案进行评估，选出最优。

二、经营决策分析步骤

1. 制定决策目标：根据企业发展、经营情况制定符合企业现状的目标，要求积极向上且留有余地。

2. 制定备选方案：以经营目标为基础，制定不同经营方案以供选择。

3. 收集决策信息：以分析对象为中心进行市场调查，收集各项资料作为分析依据。

4. 评价备选方案：利用科学方法对备选方案进行测算、分析和评价。

5. 选择最优方案：根据评价结果筛选出最优方案。

三、经营决策分析方法

1. 边际贡献分析法

边际贡献分析法是以成本性态分类原理为基础，以边际贡献最大化为标准进行方案选择。边际贡献指产品销售收入与变动成本的差值，通常分为单位边际贡献和边际贡献总额。单位边际贡献就是产品单价减去单位变动成本，边际贡献总额就是销售收入总额减去变动成本总额。由于在一定业务量范围内，固定成本的数额是不变的，因此如果方案的边际贡献越大，那么除去固定成本之后的利润余额也就越大，该方案对企业目标利润贡献也就越大。

2. 差量分析法

差量分析法是通过比较多个备选方案之间预期收入数量差异与预期成本数量差异的差值进行选择，当预期收入数量差异大于预期成本数量差异时，其差值为差量收益；当预期收入数量差异小于预期成本数量差异时，其差值为差量损失。差量收益和差量损失统称为差量损益，在方案选择时应选取差量损益为正的方案。

3. 成本平衡分析法

成本平衡分析法以成本为标准进行决策，首先建立各方案成本与产量之间的函数关系，再计算出每个方案在成本无差别时的业务量，最后根据该成本点所确定的业务量大小来取舍方案。该成本点即为成本无差别点（又称成本平衡点），是指不同方案的总成本相等时的业务量水平。

4. 本量利分析法

本量利分析法在第二章已经系统地介绍过，此处不再赘述。

第二节　如何进行品种决策

企业在经营过程中，经常需要判断下一阶段应当生产何种产品、停产何种产品、产品所需零部件是外购还是自产等问题，这些问题的决策可以统称为品种决策。品种决策通常依据成本数据进行，偶尔也会用到边际贡献。

一、开发新产品决策

开发新产品决策是指在企业生产力有剩余的情况下，从几种新产品中进行选择，一般以边际贡献的大小作为决策标准。开发新产品决策分为存在专属成本和不存在专属成本两种情况，存在专属成本时，应当通过比较各个方案边际贡献总额减去专属成本后的剩余边际贡献大小进行决策；不存在专属成本时，可直接通过比较边际贡献总额大小进行决策。之所以选择边际贡献总额大小作为决策依据，是因为边际贡献总额大小能够同时体现单位边际贡献大小和产品的销售量，相对全面。

【例3-1】A公司有甲、乙两种新产品可投入生产，但剩余生产能力有限，只能选择一种新产品投产。甲产品：销售量300件，销售价格60元/件，单位变动成本30元/件。乙产品：销售量400件，销售价格45元/件，单位变动成本20元/件。企业生产固定成本8 000元。

甲产品边际贡献总额=300×60-300×30=9 000（元）

乙产品边际贡献总额=400×45−400×20=10 000（元）

因此应选择生产边际贡献更大的乙产品。

若【例3-1】中生产乙产品需产生专属成本2 000元，则：

乙产品边际贡献总额=400×45−400×20−2 000=8 000（元）

那么此时选择生产甲产品能为公司带来更大利益。

二、停产转产决策

一般认为停产亏损产品有助于提高企业利润，但事实上停产亏损产品只能减少相关的变动成本，并不能改变固定成本，此时企业利润是否能够提高是不确定的。因此对于亏损产品，应当停产、转产或是出租等需根据具体情况综合分析。

1. 生产力不可转移

当生产力不可转移时，应当比较停产前后的边际贡献和利润，判断停产是否可以提高企业盈利能力。

【例3-2】某公司生产A、B、C三种产品，相关资料见表3-1。公司计划停产B产品，试分析是否应该停产。

表3-1 公司生产，A、B、C三种产品的相关资料

项目	A	B	C
产量（件）	2 000	1 000	3 000
单位售价（元）	50	80	100
单位变动成本（元）	30	60	80
单位工时（小时）	15	30	10
固定成本（元）	90 000（按生产工时分配）			

不停产B产品时的边际贡献和利润见表3-2。

表3-2　不停产B产品时，A、B、C产品的边际贡献和利润

项目	A	B	C	合计
销售收入（元）	100 000	80 000	300 000	480 000
变动成本（元）	60 000	60 000	240 000	360 000
边际贡献（元）	40 000	20 000	60 000	120 000
生产工时（小时）	30 000	30 000	30 000	90 000
固定成本（元）	30 000	30 000	30 000	90 000
营业利润（元）	10 000	−10 000	30 000	30 000

停产B产品后的边际贡献和利润见表3-3。

表3-3　停产B产品后，A、C产品的边际贡献和利润

项目	A产品	C产品	合计
销售收入（元）	100 000	300 000	400 000
变动成本（元）	60 000	240 000	300 000
边际贡献（元）	40 000	60 000	100 000
生产工时（小时）	30 000	30 000	60 000
固定成本（元）	45 000	45 000	90 000
营业利润（元）	−5 000	15 000	10 000

由表3-2和表3-3可知，停产B产品后企业的营业利润明显减少，所以不应停产B产品。

结论：如果继续生产亏损产品所产生的边际贡献能够起到抵消一部分固定成本支出的作用，则应选择继续生产；如果继续生产亏损产品不能产生边际贡献，则应当考虑停产。

2. 生产力可以转移

当企业停产某种产品后，生产力可以生产另一种产品时，应当采用差量分析法，比较两种产品为企业带来的利润大小，选择最优生产方式。

【例3-3】（接【例3-2】）若停产B产品后的生产力可以用来生产D产品，D产品的单位售价为100元，单位变动成本为70元，产量1 500件，单位工时为20时，是否应该停产B产品转为生产D产品？表3-4是对这个问题的分析。

表3-4　停产B产品后的利润分析

项目	B（1）	D（2）	差量（3）=（2）-（1）
销售收入（元）	80 000	150 000	70 000
变动成本（元）	60 000	105 000	45 000
生产工时（小时）	30 000	30 000	
固定成本（元）	30 000	30 000	
营业利润（元）	－10 000	15 000	25 000

通过表3-4可知，停产B产品后，D产品的差量损益大于零，营业利润提高，所以应当停产B产品，生产D产品。

结论：即使亏损产品所提供的边际贡献能够抵消部分固定成本，也未必应当继续生产，企业可以寻找利润更大的生产方案，使企业获得更多边际贡献。

三、自制或外购决策

1.外购不减少固定成本

如果企业可以通过交易从市场上获得质量相当甚至更好且价格相对优惠的零配件时，应当考虑是否停产该种零配件而选择外购。自制或外购的决策前提是企业拥有剩余生产力，且剩余生产能力没有其他利用途径。具体的决策方法是将零配件的购买单价与自制零配件的单位增量成本相对比，选择增量成本低的方案。

【例3-4】A公司生产甲产品，需要零件10000个，自制单位成本60元，其中变动成本45元，固定成本15元。而且外购时，生产能力不能转移，该零件市场价格50元，该零件应自制还是外购？

解析：自制的单位变动成本45元，小于市场价格50元。应该自制。

2. 自制增加固定成本的决策

如果企业自制零配件时需要增加一定的专属固定成本，而选择外购时可以减少这部分固定成本，那么在比较方案时自制零部件单位增量成本应包括增加的专属固定成本。随着产量的增加，单位专属固定成本会逐渐减小，基于此，自制方案增加的单位成本将在某个产量点与外购方案的单位成本相等，继而大小互换，因此在进行决策时应采用成本无差别点法确定该产量点，按照不同区间选择最优方案。

假设：x为成本无差别点的业务量；a_1、a_2分别为两方案的固定成本总额；b_1、b_2分别为两方案的单位变动成本；y_1、y_2分别为两方案的总成本，如图3-1所示，则：

$$y_1 = a_1 + b_1 x$$

$$y_2 = a_2 + b_2 x$$

根据成本无差别点定义，令$y_1=y_2$，则成本无差别点的销售量：

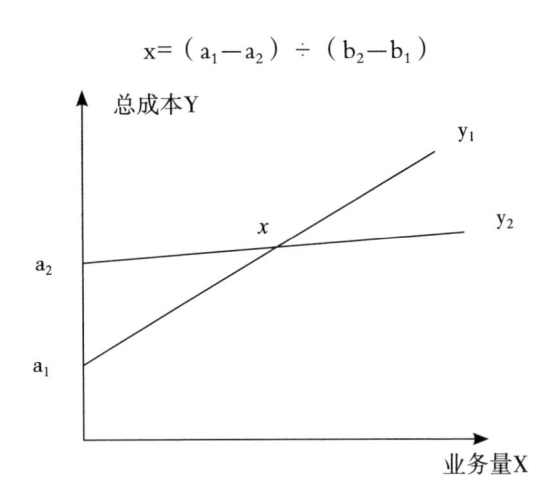

$$x=(a_1-a_2)\div(b_2-b_1)$$

图3-1　成本无差别点决策图

当销售量等于成本无差别点销售量时，两方案总成本相同，两个方案都可取；销售量不等于成本无差别点销售量时，则应通过选取数据代入y_1、y_2公式进行比较。

3. 外购且原生产力可获得收入

如果零部件选择外购，原本的生产力可以出租或用来生产其他产品以获得边际贡献，那么在进行零部件应该自制或外购的决策时，须将出租或生产其他产品获得边际贡献作为零部件自制方案的一项机会成本，并以此作为自制方案成本的一部分。

【例3-5】A公司每年需要甲零件1 000个，外购价格9元，选择外购零件时该生产力可获得租金800元。现公司计划自制甲零件，需要增加专属固定成本2 400元。自制单位变动成本6元。则该零件应自制还是外购？

外购成本=1 000×9=9 000（元）

自制成为=1 000×6+2 400+800=9 200（元）

结论：自制成本高于外购成本，因此应该选择外购零件。

第三节 如何进行定价决策

一、影响价格的因素

产品定价的恰当性决定了产品在市场的被接受程度，并且能够对产品的市场地位和占有率产生影响。通常来讲，影响价格制定的基本因素包括以下几个方面。

1. 产品成本

从长期来看，产品的销售价格应当包含产品成本和目标利润两部分，如果产品价格低于产品成本，那么企业无利可图就会考虑停产；从短期来看，产品价格应当根据产品的成本结构确定，产品价格必须高于平均变动成本以减少经营风险。

2. 市场需求

市场需求与价格的关系是通过市场需求潜力与需求价格弹性来反映的。市场需求潜力是指在既定价格下，市场需求的最大值；需求价格弹性是指在既定条件下，商品需求量随价格的变动而变动的程度，它用需求变化率与价格变化率之比来表示。

3. 市场生命周期

产品的市场生命周期包括投入期、成长期、成熟期、衰退期，在不同的阶段，企业应当采取不同的定价策略。投入期，产品的价格制定主要考虑成本和市场接受度；成长期和成熟期是企业蓬勃发展的阶段，应当以稳定的价格扩大销售量、增加市场占有率；进入衰退期后，企业应采取降价措施，以获取足够的经济效益。

4. 产品竞争

产品竞争可以分为完全竞争和不完全竞争，竞争程度不同对价格的影响也不相同，竞争越大对价格制定的影响越大。在完全竞争的市场中，价格几乎全部由市场决定，企业是没有制定价格的自主权的；在不完全竞争的市场中，产品制造的复杂程度以及供求趋势等都能成为影响产品价格的因素。

二、以成本为基础的标准产品定价策略

1. 完全成本法的成本加成定价法

完全成本加成定价法是以全部成本作为基础进行定价决策，既包括单位变动成本也包括单位固定成本，其中单位固定成本是由固定成本总额按照预期产量分摊到单位产品上得到的，最后在全部成本上加上目标利润可以得出销售价格。

【例3-6】A公司在讨论甲产品的销售价格事宜。甲产品产量预计为1 000件。估计成本：直接材料60 000元，直接人工50 000元，变动制造费用50 000元，固定制造费用60 000元，变动管理及销售费用30 000元，固定管理及销售费用20 000元；A公司采用完全成本法计算成本，采用50%的成本加成率。试为甲产品确定合适的销售价格。

甲产品的单位制造成本=60+50+50+60=220（元），目标售价=220+220×50%=330（元）

售价的构成：

220元——制造成本

50元——期间成本

60元——目标利润

2. 变动成本法的成本加成定价法

变动成本加成定价法在定价决策时只考虑变动成本，以变动成本加上预期的边际贡献的值作为产品价格。采用变动成本加成定价法计算产品价格更利于扩大市场占有率，因为其价格一般要低于总成本加成法计算出的产品价格。

【例3-7】A公司在讨论甲产品的销售价格事宜。甲产品产量预计为1 000件。估计成本：直接材料60 000元，直接人工50 000元，变动制造费用50 000元，固定制造费用60 000元，变动管理及销售费用30 000元，固定管理及销售费用20 000元。A公司采用变动成本法计算成本，采用70%的成本加成率。试为甲产品确定合适的销售价格。

甲产品的单位产品变动成本=60+50+50+30=190（元）

目标售价=190+190×70%=323（元）

售价的构成：

190元——单位变动成本

80元——单位固定成本

53元——目标利润

三、以需求为基础的定价策略

以成本为基础的价格决策方法只是以成本为出发点进行决策，往往不考虑市场需求的影响，因而决策出的产品价格从利润最大化的角度来看未必最优。因此，将市场需求状况与价格弹性纳入定价决策的考虑范围内是十分必要的，要想得出最优价格，应结合销售收入、成本利润与价格之间的关系进行综合分析。

1. 弹性定价法

市场上不同产品的价格变动引起需求变动的程度是不同的，即不同产品的需求价格弹性不同，产品的需求程度、产品的可替代程度和对该产品的消费额占消费者收入的比重都会影响产品需求价格弹性的大小。需求程度高的产品其弹性一般小于需求程度低的产品，可替代程度低的产品其弹性一般小于可替代程度高的产品，低档产品的弹性小于高档产品。我们可以通过测定价格弹性进行产品价格的制定。其计算公式为：

需求价格弹性=（需求变动量÷基期需求量）÷（价格变动量÷基期价格）

若需求价格弹性的绝对值大于1，则表示该产品弹性较大，如果产品价格下降，需求量会有显著提升，因此可以调低产品价格，薄利多销；若需求价格弹性的绝对值小于1，则表示该产品弹性小，价格的变动只会引起需求量极小的变动，对于这种产品应适当调高价格。若需求价格弹性的绝对值等于1，表明需求量受价格影响的变化程度完全与价格自身变化一致，此时无须调整产品价格。

2. 反向定价法

反向定价法不以成本为依据，首先预测市场上该种产品的合理价格范围，然后在其范围内对单位批发价格、出厂价格及生产成本进行反向预测。其计算公式为：

单位批发价格=市场可销零售价−批零差价

单位生产成本=出厂价格−利润−税金

第四节　如何进行存货决策

一、存货成本的构成

1. 采购成本

采购成本是指在购买存货过程中产生的成本，主要包括购买价款或发票价格、运输及装卸费用等。采购成本主要受到采购数量和单位采购成本的影响，在采购批量决策中，一般将采购成本看作无关成本，只有当供货商为扩大销售给予折扣时才将其纳入相关成本。

2. 订货成本

订货成本是指在订购货物的过程中发生的成本，通常可以分为固定订货成本和变动订货成本两部分。固定订货成本是企业维持其采购能力而发生的固定成本，这部分成本不受订货数量的影响，例如折旧费、水电费等；变动订货成本是与订货次数有明显比例关系的成本，如采购人员的差旅费等。

3. 储存成本

储存成本是因储存存货而发生的成本，主要包括付现成本和资本成本两大类。付现成本是指直接支付给仓储公司的仓储费、存货保险费、自建仓库产生的费用等；资本成本则是指资金被存货占用而未能进行其他投资所产生的机会成本。

4. 缺货成本

缺货成本是指因为存货短缺而导致企业生产和销售未能正常进行所带来的损失，例如无法按期交货而支付的罚款、停工期间仍需支付固定成本等。

二、最优存货量的确定

1. 最优订货批量概念

在掌握某种存货全年需求量的前提下，如果减少单次订货的数量，那么必然会增加订货的次数，这样虽然降低了存货的储存成本，但是也因为订货次数的增加提高了订货成本。如果想要减少订货批次，必然要增加单次订货数量，那么就会在减少订货成本的同时增加储存成本。因此，想要降低总成本就需要掌握订货成本和储存成本合计数最低时的订货量，也称经济订货量。

2. 前提假设

（1）企业始终能够掌握存货总需求量。

（2）货物不需分次入库。

（3）货物的单位成本为已知常数且无折扣。

（4）储存成本与平均存储量线性相关。

3. 基本模型

（1）存货管理的基本公式为：

$$变动订货成本=年订货次数 \times 单次订货成本$$

$$变动储存成本=年平均库存量 \times 单位存货的年储存成本$$

$$存货相关总成本=变动订货成本+变动储存成本$$

假设：D为全年存货需求量，Q为订货批量，D/Q为订货批次，C为单位储存成本，K为单次订货成本，T为总成本，则：

$$变动订货成本 = D/Q \times K$$

$$变动储存成本 = Q/2 \times C$$

$$存货相关总成本 = D/Q \times K + Q/2 \times C$$

$$T = D/Q \times K + Q/2 \times C$$

（2）确定经济订货批量。从图3-2中可以看出，总成本曲线是一条凹形曲线，利用二次函数可知一阶导数为0时总成本最小，此时的订货批量即为经济订货批量，此时变动订货成本与变动储存成本相等，即：$D/Q \times K = Q/2 \times C$。

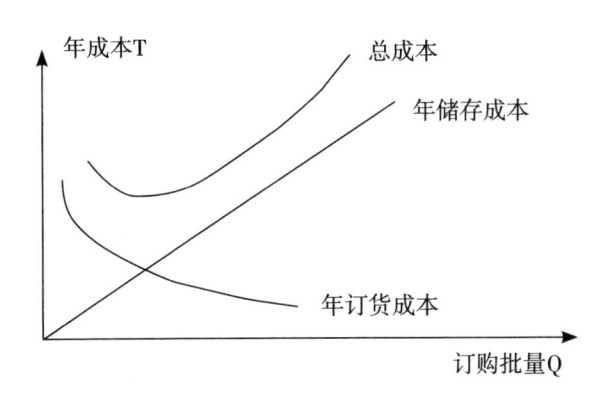

图3-2 经济订货批量模型图

经济订货批量：

$$Q^* = \sqrt{\frac{2KD}{C}}$$

最小总成本：

$$T^* = \sqrt{2KDC}$$

【例3-8】假设某企业每年所需的原材料为104000件，每次订货费用为20元，单位存货的年储存成本为每件0.8元。

根据上述公式可求，经济订货批量：

$$Q^* = \sqrt{2 \times 104\,000 \times 20 \div 0.8} = 2\,280.35（件）$$

存货相关总成本：

$$T^* = \sqrt{2 \times 104\,000 \times 20 \times 0.8} = 1\,824.28（元）$$

三、特殊情况下的存货决策

1. 存货边进边出情况下的决策

前面所介绍的数学公式，其前提是假定一次订购的货物一次全部到达再陆续使用，但实际生产中存在分次到达、入库再陆续领用的情况。由于存货陆续入库，在此期间也有存货出库，且入库速度大于出库速度，则存货的储存量就会低于订货批量。

假设：每日送达存货的数量为X，每日耗用存货的数量为Y，全年存货需求量为D，订货批量为Q，单位储存成本为C，单次订货成本为K，总成本为T。则：

一次订货全部到达所需天数=Q/X

入库期间存货耗用数量=（Q/X）×Y

存货最高储存数量=Q−（Q/X）×Y=Q×（1−Y/X）

平均存储量=0.5×Q×（1−Y/X）

总成本T=0.5×Q×（1−Y/X）×C+D/Q×K

求出使总成本最小的订货批量：

$$Q=\sqrt{\frac{2KD}{C\times(1-\frac{Y}{X})}}$$

2. 有数量折扣时的决策

供应商为了扩大销售，经常会在单次订货量达到某一标准时给予价格优惠。在有数量折扣的决策中，订货批量决策涉及的相关成本有订货成本、储存成本、采购成本，只有当三种成本的合计数最低时的订货量才是最优订货量。

【例3-9】某企业全年需用A零件1500个，每件每年储存成本0.5元，每次订货费用81.67元。供应商规定：每次订货量达到750个时，可获2%的价格优惠；不足750个时，单价为50元。

①计算没有数量折扣时的经济订购批量。因为按一般原则，当有可能获取数量折扣时，最低订购量可由经济订购批量Q^*来确定：

$$Q^*=\sqrt{2\times1\,500\times81.67\div0.5}=700（个）$$

②已知最佳采购量为700，然后计算有折扣和无折扣两种采购模式下的成本，比较后选出成本更低的方案。

不考虑折扣时的成本：

采购成本=1 500×50=75 000（元）

订购成本=1 500÷700×81.67=175（元）

储存成本=700÷2×0.5=175（元）

总成本=75 000+175+175=75 350（元）

考虑折扣时的成本：

采购成本=1 500×50×（1-2%）=73 500（元）

订购成本=1 500÷750×81.67=163.34（元）

储存成本=750÷2×0.5=187.5（元）

总成本=73 500+163.34+187.5=73 850.84（元）

比较两种订货方式成本可知，接受数量折扣的成本更低，所以应当选择有数量折扣的方案。

第四章

长期投资中的决策分析

- 货币时间价值的计算
- 现金流量的计算
- 长期投资决策指标
- 长期投资决策分析方法的应用

第一节　货币时间价值的计算

一、货币时间价值的概念

货币时间价值又称为资金时间价值,是指在不存在任何风险和通货膨胀的前提下,货币经历一段时间的投资和再投资所增加的价值。

二、货币时间价值的计量

1. 单利

单利是指仅对本金计息,以前产生的利息不计入本金重复计算利息的计息方式。单利终值是指目前的资金在未来某一时点按照单利方式计算的本利和,用公式可表示为:

$$F=P+P\times i\times n=P\times(1+i\times n)$$

式中,P为本金,又称为期初金额或现值,i为利率,F为本金与利息的和,又称为本利和或终值;n为时间,可以是年、季度或月份。

2. 复利

复利是指不仅本金计息而且之前各期所产生的利息也要计入本金,逐期滚动计息的计息方式,这种方式俗称"利滚利",用公式可表示为:

第四章 长期投资中的决策分析

$$复利终值 F = P \times (1+i)^n$$

式中的 $(1+i)^n$ 称为复利终值系数,用符号 $(F/P, i, n)$ 表示。

$$复利现值 P = F \times (1+i)^{-n}$$

式中的 $(1+i)^{-n}$ 称为复利现值系数,用符号 $(P/F, i, n)$ 表示。

【例4-1】王辉将于第四年年末收到1000元,按10%的贴现率计算,其现值应为多少?已知 $(P/F, 10\%, 4) = 0.683$

$P = F \times (1+i)^{-n}$

$= 1\,000 \times (P/F, 10\%, 4)$

$= 1\,000 \times 0.683 = 683$(元)

3. 名义利率与实际利率

前文的【例4-1】是以年为周期进行计息,在实际的经济活动中,复利计息的期限不一定总是一年,有时可能是季度、月或日,当利率标明的周期与实际计息的周期不一致时,就出现了名义利率和实际利率。名义利率,指一年内多次复利时给出的年利率,该年利率等于每期利率与年内复利次数的乘积。实际利率,指一年内多次复利计息时,按复利计息期重新计算的年利率,计算公式为:

$$i = (1 + r/m)^m - 1$$

式中,i 为实际利率,r 为名义利率,m 为每年复利计息的次数。

4. 通货膨胀情况下的实际利率

发生通货膨胀时,贷款机构所说的利率是名义利率,含有通货膨胀因素,而实际利率则是指除去通货膨胀的影响后,投资者能够收到的利息回报的真实利率，计算公式为：

$$实际利率 = \frac{1+名义利率}{1+通货膨胀率} - 1$$

三、年金终值和年金现值

1. 年金的概念

年金是指在一段时间内，每隔同样时间就发生金额相等的一系列现金收付。年金在现实经济生活中有广泛的应用，普遍存在的计时工资、养老金、折旧、保险费等等都表现为年金的形式。年金分为终值和现值两种，按照一定的利率，若干期普通年金终值之和称为普通年金终值；若干期普通年金折现到现在的价值总和称为普通年金现值。

2. 年金的种类

（1）普通年金：是指在每期期末发生等额收付的款项。计算公式如下：

$$终值：F = A \times (F/A, i, n)$$
$$现值：P = A \times (P/A, i, n)$$

【例4-2】甲打算从今年起每年年末都存入银行3万元，如果银行的存款利率为3%，银行采用复利计算，10年后甲的银行账户有多少钱？已知（F/A，3%，10）=11.4369

根据公式 $F = A \times (F/A, i, n)$

10年后的存款 = 30 000 × 11.4369 = 34 3107（元）

（2）预付年金：是指从第一期开始于每期期初收付的年金。计算公式如下：

终值：F=A×（F/A，i，n）×（1+i）

=A×[（F/A，i，n+1）−1]

现值：P=A×（P/A，i，n）×（1+i）

=A×[（P/A，i，n−1）+1]

【例4-3】甲从2017年年初开始，每年年初存入银行3万元，存款利率为4%，按年付利计息，共计存款5次，在2021年年末可以取出多少钱？已知（F/A，4%，5）=5.4163，（F/A，4%，6）=6.6330

F=A×（F/A，i，n）×（1+i）

=3×（F/A，4%，5）×（1+4%）

=3×5.4163×1.04=16.90（万元）

（3）递延年金：是指从未来某一期开始发生的每期期末收付的年金。计算公式为如下：

终值：F=A×（F/A，i，n）

式中的"n"表示A的个数，终值与递延期无关。

现值：P=A×（P/A，i，n）×（P/F，i，m）

此公式的含义是先将递延年金视为n期普通年金，求出在m期期末普通年金现值，然后再折算到第一期期初。

【例4-4】若甲从第四期开始，每期期末向某一机构支付3万元，共计支付6次，假设利率为4%，相当于一次性支付的金额是多少？已知（P/A，4%，6）=5.2421，（P/F，4%，3）=0.8890

在本题中，由于第一期支付发生在第四期期末，则递延期m=4−

1=3，由于连续支付6次，所以n=6。

因此，P=A×（P/A，i，n）×（P/F，i，m）=3×（P/A，4%，6）×（P/F，4%，3）=3×5.2421×0.8890=13.98（万元）

（4）永续年金：是指无限期定额支付的年金，例如平时生活中的存本取息、养老金定期存入等，都可看作永续年金的应用，永续年金没有终值。计算公式为：

$$P=年金/折现率=A/i$$

四、年偿债基金和年资本回收额

年偿债基金是指为了在商定的将来某一时点偿还某些债务或积攒一定数额的资金而必须分次等额形成的存款准备金。在计算上，它与普通年金终值的计算互逆，同样，偿债基金系数与普通年金终值系数也互为倒数。

年资本回收额是指在商定时间内等额收回期初投入资本的金额。在计算上，它与普通年金现值互为逆运算，同样，资本回收系数和普通年金现值系数也互为倒数。

五、货币时间价值系数间的关系

表4-1中是货币时间价值系数关系。

表4-1 货币时间价值系数关系表

名称	系数之间的关系
单利终值系数与单利现值系数	互为倒数
复利终值系数与复利现值系数	互为倒数
普通年金终值系数与偿债基金系数	互为倒数
普通年金现值系数与资本回收系数	互为倒数

（续表）

名称	系数之间的关系
预付年金终值系数与普通年金终值系数	预付年金终值系数=普通年金终值系数×（1+i）
预付年金现值系数与普通年金现值系数	预付年金现值系数=普通年金现值系数×（1+i）
复利终值系数与普通年金终值系数	普通年金终值系数=$\dfrac{复利终值系数-1}{i}$
复利现值系数与普通年金现值系数	普通年金现值系数=$\dfrac{1-复利终值系数}{i}$

六、利率的计算

现值或终值系数以价值的利率计算，在计算方法上采用内插法。（以求利率i为例，B为对应系数）基本公式如下：

$$\frac{i-i_1}{i_2-i_1}=\frac{B-B_1}{B_2-B_1}，则 i=i1+（B-B_1）/（B_2-B_1）×（i_2-i_1）$$

【例4-5】如果甲向银行借入3万元，借款期为9年，每年需偿还的本金加利息共计6 000元，请推测借款利率为多少？已知（P/A，12%，9）=5.3282，（P/A，14%，9）=4.9464

根据前文所述公式可得：

$$\frac{i-12\%}{14\%-12\%}=\frac{5-5.3282}{4.9464-5.3282}$$

解得i=13.72%，即借款利率为13.72%。

第二节 现金流量的计算

一、现金流量的概念

投资项目在计算期间因资本流动而产生的现金流入和流出金额称为现金流量。其中,现金收入称为现金流入量,现金支出称为现金流出量。现金流入和现金流出之间的差额称为现金净流量。这里的"现金"是广义的现金,即除了各种货币资金外,还包括项目需要投入的企业现有的非货币资源的变现价值。

二、现金流量的构成内容

根据现金流量对企业货币资金的影响划分,现金流量可以分为以下几部分。

1. 现金流入量

现金流入量是指因为项目的运行而导致现金收入增加的金额,包括以下几项:

(1)营业收入。营业收入是指投资项目运行后所产生的全部营业收入,它是构成经营期内现金流入量的主要部分。

(2)固定资产的残值收入。固定资产的残值收入,是指投资项目固定资产报废清算后的残值收益。

(3)垫支营运资金的收回。垫支营运资金是指投资项目使用寿命结束时，收回与该项目有关的各种流动资产中的投资。

2. 现金流出量

现金流出量是指因项目运行而引起的现金支出，包括以下几项：

（1）建设投资。建设投资是指根据经营需要，为达到一定的规模，在项目建设过程中投入的资金，是建设期间发生的主要现金流出量。通常包括固定资产投入、无形资产投入、开办费等。

（2）垫支的营运资金。垫支的营运资金是指项目建设阶段完成后，为了维持正常运营，在初期预先垫付的资金投入。

（3）付现成本。付现成本是生产经营期间占比较大的现金流出项目，指的是项目投产后产生的成本费用，这部分费用需要用现金支付。一般来说，变动成本均为付现成本，在固定成本中，除折旧和摊销外也均为付现成本。

（4）所得税额。所得税额是指投资项目竣工投产后应纳税所得额增加所引起的资金流出。

3. 现金净流量

现金净流量是指在整个计算期间内投资项目现金流入与流出之间的差额，记为NCF。通常在建设期内现金净流量会小于零，这是由于在建设期内只发生现金流出，而到了经营期，项目投产产生收入，则现金净流量一般大于零。用公式表示现金净流量则为：

$$NCF=年现金流入量-年现金流出量$$

如果按照资本循环的阶段划分，现金流量可以分为以下几部分：

（1）投资期现金流量。投资期现金流量是指在项目尚未建设完成时发生的现金流量，举例来说，主要有固定资产的构建费用、流动资金的投入、无形资产的投入以及递延资产等。

（2）营业期现金流量。营业期现金流量是指在项目建成后，正常的经营活动所产生的现金流量，包括现金流入量和现金流出量，通常这一期间的净流量为正。

（3）终结期现金流量。终结期现金流量是指生产运营活动结束后所发生的现金流量，在这一阶段的现金流动方向主要为流入，比如，包括固定资产变价收入、固定资产残值的回收，以及项目建成初期垫支营运资金的收回等。

三、现金流量的计算

1. 投资期现金净流量的计算

如果是新建项目，所得税对初始现金净流量没有影响，则：

$$现金净流量=-原始投资额$$

2. 营业期现金净流量的计算

营业期现金净流量公式为：

$$营业期现金净流量=营业收入-付现成本-所得税=税后营业利润+非付现成本=收入\times(1-所得税税率)-付现成本\times(1-所得税税率)+非付现成本\times所得税税率$$

3. 终结期的现金净流量计算

$$该年现金净流量=该年营业现金净流量+回收额$$

【例4-6】甲公司拟构建一项固定资产，需投资100万元，按直线折旧法计算折旧，该固定资产的使用寿命为10年，净残值率为5%，该项目建设期为1年，第一年年初投入60万元，第二年年初投入40万元，预计投产后每年可增加销量1万件，产品单价为80元，变动成本率为60%，全年固定资本总额（包括折旧）为20万元，该公司所得税税率为25%。请计算该项目各年的现金净流量。

（1）投资期现金净流量为：

NCF_0=−600 000（元）

NCF_1=−400 000（元）

（2）营业期现金净流量为：

年折旧额=1 000 000×（1−5%）÷10=95 000（元）

NCF_{2-10}=[80×10 000×（1−60%）−（200 000−95 000）]×（1−25）%+95 000×25%=185 000（元）

（3）终结期现金净流量为：

NCF_{11}=185 000+1 000 000×5%=235 000（元）

第三节　长期投资决策指标

长期投资决策又称资本投资决策,是指企业为了满足未来的生产经营而做出的扩建、更新固定资产、开发资源方面的决策。长期投资决策指标是用来衡量、比较投资项目可行性的量化标准,决策指标包括很多种,例如投资回收期、净现值、现值指数、内部收益率等等。

一、投资回收期法

投资回收期是指收回初始投资所需的年限。投资回收期越短代表风险系数越小,投资效果也就越好。投资回收期可以分为静态投资回收期和动态投资回收期。

1. 静态投资回收期

静态投资回收期是指不考虑货币的时间价值,未来净现金流量积累到原始投资额的时间。

(1) 未来每年现金净流量相等时,静态投资回收期的计算公式为:

$$静态回收期 = \frac{原始投资额}{每年现金净流量}$$

(2) 未来每年现金净流量不相等时 (设M是收回原始投资额的前一年),静态投资回收期的计算公式为:

第四章　长期投资中的决策分析

$$静态回收期=M+\frac{第M年的尚未回收额}{第(M+1)年的现金净流量}$$

2. 动态投资回收期

动态投资回收期的动态是指需要对投资产生的未来现金流量净额进行折现，将未来现金流量现值与初始投资额现值相等的年限作为动态回收期。

（1）未来每年现金净流量相等时，假定动态回收期为n年，则：

（P/A，i，n）=原始投资额现值/每年现金净流量

计算出年金现值系数后，通过查年金现值系数表，利用插值法，即可推算出动态回收期n。

（2）未来每年现金净流量不相等时（设M为收回原始投资额现值的前一年），则：

$$动态回收期=M+\frac{第M年的尚未回收额的现值}{第(M+1)年的现金净流量的现值}$$

3. 决策原则

如果依据回收期这一指标进行项目决策，就需要结合实际情况确定一个回收期的标准，如果此项目的投资回收期不超过此标准时则接受该方案；当投资回收期超过此标准，则否决该方案。如果要对多个方案进行排序，则投资回收期短的方案为佳。

4. 指标特点

投资回收期的优点在于计算简便，易于理解，同时它也有不足。首先，它忽略了资金时间价值，在评价持续时间长、投资额大的投资项目中会低估投资收回所需真正时间，同时低估项目风险；其次，它对项目的评价只是基于投资回收前的项目现金流量，并非基于项目整个寿命期的现金

流量，忽略了项目寿命期内投资收回后的现金流量，会使得其对备选方案评价的准确性下降。

二、会计收益率法

1. 概念

会计收益率又称为投资利润率，是指某一投资方案未来的年平均净收益与投资总额之间的比率。计算公式为：

$$会计收益率 = \frac{年平均净收益}{投资总额}$$

2. 决策原则

如果一个投资项目的会计收益率高，则表明有关投资方案预期经济效益较好；如果会计收益率较低，则表明这个投资项目的预期经济效益差。因此，如果其备选方案计算所得的会计收益率大于之前设定的会计收益率，那么该投资项目可行；反之，不可行。

3. 指标特点

会计收益率的优点是计算简便，易于掌握，它不受诸如工期的长短、投资计划、残值的可用性和现金流量净额等条件的影响，并且可以更好地说明每个投资计划的绩效水平。但同时，这一指标的缺点也很明显，首先它并未考虑货币时间价值，不能正确反映建设期长短、投资方式不同对投资项目的影响；其次，该评价指标分子分母的时间特征不一致，分子是时期指标，而分母是时点指标，因而在计算口径上可比性较差；最后，会计收益率法对项目的评价只是基于项目产生的会计收益，而不是基于项目的现金流量，因而无法直接利用现金流量信息。

三、净现值法

1. 概念

净现值是指在投资项目的整个生命周期中，将每年的现金流量净额之和折算成项目第一年开始时的现值之和。净现值法就是根据投资方案的净现值来评价方案是否可行的决策分析方法。计算公式为：

$$净现值（NPV）=未来现金净流量现值-原始投资额现值$$

2. 决策原则

在使用净现值法评估方案时，首先，应基于预定折现率，将每年的净现值流转换为现值，然后计算代数和，若净现值大于或等于零，则表示该项目的报酬率大于或等于预定的报酬率，方案可行；反之，则方案不可行。

3. 指标特点

采用净现值法进行投资方案决策时具有如下的优点。首先，它的适用性很强，并且基本适用于具有相同项目寿命期的互斥投资计划决策；其次，它能灵活地考虑投资风险。但是净现值法也有一定的不足，首先，采用的贴现率不确定，如果两方案采用不同的贴现率贴现，采用净现值法不能够得出正确的结论；其次，净现值法不适用于独立投资方案的比较决策；最后，净现值法不能直接用于对寿命期不同的互斥投资方案进行决策。

【例4-7】假设A股份有限公司现有甲、乙两个投资方案，假设贴现率为12%，相关资料见表4-2。

表4-2　A股份有限公司投资方案资料表

方案	投资额（元）	各年现金净流量（元）				
		第1年	第2年	第3年	第4年	第5年
甲	120 000	50 000	50 000	50 000	50 000	50 000
乙	120 000	40 000	50 000	60 000	60 000	40 000

请确定甲、乙两方案的净现值，并选出最优方案。

$NPV_甲$=50 000×（P/A，12%，5）−120 000=50 000×3.605−120 000=60 250（元）

$NPV_乙$=40 000×（P/F，12%，1）+50 000×（P/F，12%，2）+60 000×（P/F，12%，3）+60 000×（P/F，12%，4）+40 000×（P/F，12%，5）−120 000=40 000×0.893+50 000×0.797+60 000×0.712+60 000×0.636+40 000×0.567−120 000=59 130（元）

由计算结果可知，甲乙两个投资方案的净现值均大于零。如果这两个方案相互独立，则均可以接受；如果这两个方案互斥，则应选择甲投资方案，因为甲投资方案的净现值大于乙投资方案。

四、现值指数法

1. 概念

现值指数，也称利润指数，是指投资项目的未来净现金流量的现值与初始投资的现值之比，现值指数法是一种根据投资计划的现值指数来评估方案可行性的决策分析方法。计算公式为：

$$现值指数（P）=\frac{未来现金流量现值}{原始投资额现值}$$

2. 决策原则

当投资方案的现值指数大于1时，该方案可行；当投资方案的现值指数小于1时，该方案不可行。当有很多个互斥项目并存时，选取现值指数最大的项目。

3. 指标评价

现值指数法的优点是考虑了货币时间价值，而且由于现值指标是一个相对指标，可以动态地反映项目投资的资金投入与总产出之间的关系，有利于比较初始投资额不同的投资方案。但是，这种指标也具有一定的缺点，那就是不能够直接反映投资项目的实际收益水平。

五、内部收益率法

1. 概念

内部收益率（IRR）是将方案中每年产生的现金净流量折现，使得到的现值与初始投资额的现值金额相同，进而使净现值等于零时的折现率。

如果不考虑建设期，所有投资在建设开始时一次性投入，并且在经营期内每年的净现金流量采用普通年金的形式，那么其计算公式为：

$$A(P/A, IRR, n) - A_0 = 0, \quad (P/A, IRR, n) = A_0/A$$

然后通过查年金现值系数表，用内插法计算出内部收益率。

【例4-8】某股份有限公司的A投资项目现金流量信息如下：

NCF0=-100（万元），NCF1-10=20（万元），请计算该项目的内部收益率。

解：-100+20×（P/A，IRR，10）=0

则（P/A，IRR，10）=100÷20=5，根据如下现值系数表采用内插法：

表4-3 现值系数表

利率	年金现值系数
15%	5.1088
IRR	5
16%	4.8332

（IRR-16%）÷（15%-16%）=（5-4.8332）÷（5.1088-4.8332）

解得IRR=15.39%

2. 决策原则

只要内部收益率大于资本成本，投资项目就是可行的。在若干个可取的投资项目中，应选择内部收益率较高的项目投资，若一个方案IRR为正值，IRR越大，则代表该方案获利越大；如果利润额相同，则IRR越大，则表示能够取得同等利润的时间越短，IRR越小，则表示取得同等利润的时间越长。

3. 指标评价

为方便高层决策者理解，可将内部收益率看作投资方案能够达到的收益率，可以通过计算反映每个独立投资方案的获利能力。但是，通过内部收益率较难判断风险的大小，而且计算内部收益率是一件复杂的事情，尤其是在对互斥投资方案的选择中，一旦遇到各方案的原始投资额现值不相等的情况，便很可能无法作出正确的决策。

第四节 长期投资决策分析方法的应用

一、固定资产更新决策

固定资产的更新决策主要解决两个问题：一个是决定是否更新，由于旧设备维修后还可以继续使用，所以需要决定到底是继续使用原有设备还是购买、更新设备；另一个是如果要更新，应该选择哪种资产进行更新。

【例4-9】某公司流水线上有一台设备，根据实际情况需要提高设备的生产能力，有关设备决策数据见表4-4。

表4-4 新旧设备对比资料表

项目	旧设备	新设备
原值（元）	400 000	600 000
预计使用年限（年）	10	5
已使用年限（元）	5	0
期满残值（元）	0	100 000
变现价值（元）	100 000	600 000
使用设备每年可获收入（元）	500 000	800 000
每年付现成本（元）	300 000	400 000

假定该公司的所得税税率为25%，资金成本为10%，新旧设备均采用年限平均法计提折旧，请做出应该继续使用旧设备还是购买新设备的决策。

表4-4中资料显示，继续使用旧设备与购买新设备两个方案寿命期相同，故可采用差量分析法，即首先计算差量方案的现金流量，再根据差量方案的有关指标进行判断。

如果继续使用旧设备，则：

每年计提折旧额=（400 000-0）÷10=40 000（元）

每年净利润=（500 000-300 000-40 000）×（1-25%）=120 000（元）

每年营业现金净流量=120 000+40 000=160 000（元）

初始投资为旧设备的现时价值100 000元

如果购买新设备，则：

每年应提折旧额=（600 000-100 000）÷5=100 000（元）

每年净利润=（800 000-400 000-100 000）×（1-25%）=225 000（元）

每年营业现金净流量=225 000+100 000=325 000（元）

初始投资额为600 000元，期末收回残值100 000元。

购买新设备方案比继续使用原方案增减的现金流量计算见表4-5。

表4-5 差量方案现金流量计算表

项目	期数					
	0	1	2	3	4	5
营业现金净流量（元）		165 000	165 000	165 000	165 000	165 000
初始投资或收回残值（元）	-500 000					100 000
现金净流量（元）	-500 000	165 000	165 000	165 000	165 000	265 000

差量方案的净现值为：

NPV=-500 000+165 000×（P/A，10%，4）+265 000×（P/F，10%，5）

=-500 000+165 000×3.1699+265 000×0.6209

=187 572（元）

可见，购买新设备比继续使用旧设备多获得187 572元的净现值，故应当购买新设备。

二、互斥方案的决策

当有两个或两个以上方案可供选择时，如果选择其中一个方案就必须舍弃其他方案，这种决策称为互斥方案的决策。选择方案时，如果某一方案只满足某项指标的要求，则该方案未必会被采用，如果某一方案能够满足所有的要求，则该方案为最佳。

当有关指标相互矛盾（即有的指标认为甲方案好，而有的指标则认为丙方案或其他方案好）时，不能简单地说应根据净现值判断优劣或根据内部收益率判断优劣。这种情况往往发生在投资额不等或项目计算期不同的多个方案的选择互斥中，这时应考虑采取差额投资内部收益率法和年等额净回收额法进行正确的选择。差额投资内部收益率法和年等额净回收额法适用于原始投资不相同的多方案比较，后者尤其适用于项目计算期不同的多方案比较决策。

1. 差额投资内部收益率法

该方案适用于比较原始投资额不同的两个方案，首先计算净现金流量的差值△NCF，并在此基础上计算投资内部收益率的差值△IRR，并据此判断方案优劣。在此法下，当投资内部收益率差值指标大于或等于基准收益率、设定折现率时，原始投资额大的方案较优；反之，则原始投资额较小的方案优。

【例4-10】假设某集团有甲乙两个投资方案可供选择，相关数据见表4-6。

表4-6 投资方案的相关数据

方案计算期	2017年初	2017年	2018年	2019年	2020年
甲方案现金流量（万元）	-100	25	30	30	35
乙方案现金流量（万元）	-120	34	34	36	45
△NCF（万元）	-20	9	4	6	10

要求在14%、18%两种不同折现率的情况下分别进行方案选择。

由于各年的△NCF不等，因而应采用测试法进行测试区间选值，数据见表4-7。

表4-7 测试表

时间	△NCF（万元）	测试1 系数18%	测试1 现值（万元）	测试2 系数14%	测试2 现值（万元）
2017年初	-20	1	-20	1	-20
2017年	9	0.848	7.632	0.877	7.893
2018年	4	0.718	2.872	0.769	3.076
2019年	6	0.609	3.654	0.675	4.05
2020年	10	0.516	5.16	0.592	5.92
净现值（万元）	—	—	-0.682	—	0.939

根据表中数据可以看出，折现率为14%时净现值为0.939万元，折现率为18%时净现值为-0.682万元，因此，该方案投资收益率必然介于14%~18%。

$$\triangle IRR = 14\% + \frac{0.939-0}{0.939-(-0.682)} \times (18\%-14\%) = 16.32\%$$

在折现率14%的情况下，由于差额投资内部收益率16.32%>14%，应当选择乙方案；在折现率18%的情况下，由于差额投资内部收益率16.32%<18%，应选择甲方案。

2. 年等额净回收额法

该方法适用于初始投资额不等且项目计算期不同的情况，在这种方法下首先需计算各个方案的年等额净回收额，这一指标等于该方案的净现值与相关资本回收系数的乘积，得出结果后再根据数值大小来决策，通常年等额净回收额大的方案为优。

【例4-11】某企业拟投资新建一条生产线，现有甲乙两个方案可供选择，相关数据见表4-8。

表4-8 投资方案的相关数据

方案计算期	2015年初	2015年	2016年	2017年	2018年	2019年	2020年
甲方案现金流量（万元）	-100	25	30	30	35	35	10
乙方案现金流量（万元）	-120	34	34	36	45	35	20

假定行业基准折现率为10%，那么按年等额净回收额法进行决策分析时所得到的计算结果如下：

甲方案净现值=25×(P/F, 10%, 1)+30×(P/F, 10%, 2)+30×(P/F, 10%, 3)+35×(P/F, 10%, 4)+35×(P/F, 10%, 5)+10×(P/F, 10%, 6)-100

=25×0.909+30×0.826+30×0.751+35×0.683+35×0.621+10×0.564-100

=21.315（万元）

乙方案净现值=34×(P/F, 10%, 1) +34×(P/F, 10%, 2) +36×(P/F, 10%, 3) +45×(P/F, 10%, 4) +35×(P/F, 10%, 5) +20(P/F, 10%, 6) −120

=34×0.909+34×0.826+36×0.751+45×0.683+35×0.621+20×0.564−120

=29.776（万元）

甲方案的年等额净回收额：

$$21.315 \times \frac{1}{(P/A, 10\%, 6)} = 21.32 \times \frac{1}{4.355} \approx 4.90（万元）$$

乙方案的年等额净回收额：

$$29.776 \times \frac{1}{(P/A, 10\%, 6)} = 29.78 \times \frac{1}{4.355} \approx 6.84（万元）$$

由于4.90＜6.84万元，则乙方案优于甲方案。

第五章

融资管理中的决策分析

- 融资方式的比较
- 融资的资金成本认知
- 如何进行资本结构决策
- 营运资金管理策略

第一节　融资方式的比较

融资方式是指企业筹措资金所采取的方式。在我国，企业融资的方式有很多种，但是不同的融资方式有其自身的特点，并不是所有的企业都适合，因此，企业应根据自身发展特点选取合适的融资方式。常见的融资方式大多分为两类，一种是股权融资，一种是债务融资。在股权融资方式下又分为吸收直接投资、发行股票、利用留存收益等形式；在债务融资方式中又分为发行债券、向金融机构借款、融资租赁、利用商业信用融资等方式。

一、股权融资

1. 吸收直接投资

吸收直接投资是指直接接受国家、法人、个人和外商的投资。其中接受国家投资，产权是归属于国家的，运营过程中很大程度上受国家约束，这种方式在国有企业中应用较为广泛；接受法人投资的，法人可以参与企业的利润分配或控制，其出资方式更加灵活多样。在这种投资方式下，投资人可以以货币资产、工业产权、土地使用权等方式进行出资。

这种融资方式有其优点：所筹措的资金不需要支付利息和偿还本金，减少了偿债风险；以资本为纽带进行联营，有利扩大企业的经营规模，提高企业的抗风险能力；通过吸收外商投资，可以吸收国外先进技术和管理方法，利于企业的发展。当然，这种方式也有弊端：当投资者的投资数额达到一定比例时，控制权可能会被分散；吸收外商投资创办联营企业，容易造成国有资产流失；需支付较高的投资报酬，使得企业资金成本较高。

2. 发行股票

发行股票是股份制企业筹措自有资本的常见方式，它是企业直接公开向社会融资的方式之一，目前我国已经有越来越多的企业选择以发行股票的方式进行融资。其中，根据股东权利和义务的范围可以分为普通股和优先股；根据票面有无记名可以分为记名股票和无记名股票；根据企业上市地点不同又可以分为A股、B股、S股等。

3. 利用留存收益

留存收益主要包含企业从税后净利润中提取的盈余公积，以及企业可供分配利润中的未分配利润等，留存收益是企业吸收当年利润作为股东额外投资的一种方式。

这种融资方式的主要优点有：不发生实际的现金支出；不会降低企业的偿债能力；企业的控制权不受影响等。同时，这种方式也有其弊端：首先，企业的留存收益是一定时间积累形成的，一旦利用留存收益进行融资，将使得企业在短期内无法利用这部分资金扩大再生产；其次，这种融资方式会使得未分配利润高而现金股息少，这很可能对企业形象造成影响，不利于进一步筹集资金。

4. 各类股权融资特点比较

表5-1　股权融资特点比较表

项目	吸收直接投资	发行股票	利用留存收益
生产能力形成	能够尽快形成生产能力	不易及时形成生产能力	—
资本成本	最高	较高	最低

（续表）

项目	吸收直接投资	发行股票	利用留存收益
筹资费用	手续相对比较简便，筹资费用较低	手续复杂，筹资费用高	没有筹资费
产权交易	不易进行产权交易	促进股权流通和转让	—
公司控制权	公司控制权集中，不利于公司治理	公司控制权分散，公司容易被经理人控制	维持公司的控制权分布
公司与投资者的沟通	公司与投资者容易进行信息沟通	公司与投资者不易进行信息沟通	公司与投资者不易进行信息沟通
筹资数额	筹资数额较大	筹资数额较大	—

二、债务融资

1. 发行债券

发行债券就是企业通过发行长期债权、短期债权或可转换债券等方式吸纳资金进行融资，这是企业筹集资金的重要方式之一。根据规定到期日的不同，债券可以分为提前还款和到期还款两种，相较于债券面值，提前还款所需支付的金额更高，而到期分批偿还的债券则需更高的发行费用。

2. 向金融机构借款

向金融机构借款也是一种常见的筹资方式，指企业通过与银行或非银行的金融机构签订合同，约定偿还事项来取得资金的筹资方式。

向金融机构借款的优点主要有：借款利息在所得税前列支，由此可降低企业负担的利息；能够发挥财务杠杆的作用，有利于增加股东财富；程序比较简单，资金到位速度快；还款方式和时间可以与借款方沟通，弹性较大。同样，这种融资方式也有缺点：由于借款合同规定企业需要按时还本付息，一旦企业经营不善无法如期偿还，很可能使企业面临后续融资困难甚至破产等风险；此外，借款合同的约束性条款较多，不便于企业灵活使用资金。

3. 融资租赁

根据《企业会计准则21号——租赁》的规定，融资租赁是指实质上转移了与租赁资产所有权有关的几乎全部风险和报酬的租赁。其所有权最终可能转移，也可能不转移。如果一项租赁实质上转移了与租赁资产所有权有关的几乎全部风险和报酬，出租人应当将该项租赁归类为融资租赁。

融资租赁的基本形式主要有直接租赁、售后租回、杠杆租赁三种。直接租赁是融资租赁中最常发生的一种，在这种方式下，承租人想要租赁时，出租人应依据承租人的要求准备设备，然后再出租给承租人。主要涉及承租人、出租人两方当事人；售后租回形式较为特殊，是资产的所有人将资产出售后又从买主处租回，在这种方式下，买方与卖方同时具有出租人与承租人的双重身份；杠杆租赁由出租人、承租人、贷款人三方共同参与，其特点是出租人只需负担所出租资产成本的一小部分，成本的大部分由贷款人（银行等机构）提供，贷款人分期向出租人收取款项及利息，资产所有权归属于出租人。

4. 利用商业信用融资

企业在日常购销活动中经常发生延期付款或预收货款的情况，这实质上就是以商品的形式发生的借贷活动，是利用公司间的信任关系而形成的融资关系。这种融资行为在经营中较为普遍，能够使企业获得短期内的资金周转。

商业信用融资对买卖双方均有益处，如果延期付款，对于买方来说可以在资金周转困难的情况下保证原材料等资源的供应，而对于卖方来说，则可以扩大商品销售，避免造成产品积压；如果预收货款，则可以解决卖方企业资金不足的问题，又可以使买方企业获得稳定的货源。但商业信用融资也存在弊端，首先这种融资只限于有往来关系的企业；其次这种融资仅仅基于企业之间的信任关系，容易产生坏账损失，造成结算秩序的混乱。

第二节　融资的资金成本认知

一、资金成本的含义和作用

1. 含义

资金成本就是指为筹集和使用资本所支付的金额，筹集费用和占用费用是它的主要组成部分。企业在筹集资金的过程中必定会发生费用性的支出，例如支付给银行的借款手续费以及证券发行费等，这部分支出就是筹集费。企业在运营过程中对资本的占用也需要支付一定的成本，例如股息与利息等就是由于占用资本所付出的代价，这部分支出就是占用费。

资本所有权与使用权主体的不一致是形成资金成本的原因，资金成本对于使用者来讲是费用，对所有者来讲则是收益。从会计的角度来看，资金成本归属于财务费用，只与资金的使用相关，与产品的生产没有直接关系。从融资角度来看，不同的融资方案有不同的资金成本，因此可以通过对资金成本的预判来筹划融资方案，提高融资效率。

2. 作用

在实际经营中，资金成本既可以作为比较和选择融资方案的基础，也可以用来判断企业资本结构的合理性，同时，在项目的可行性评价及企业经营业绩的评价中也发挥着重要作用。

二、影响资金成本的因素

1. 宏观经济环境

一个国家或地区的整体经济环境反映在国家经济发展水平、通货膨胀率等方面，这些因素都会对公司融资的资金成本产生影响。如果国民经济能够保持稳步增长，那么整体资金供需就会相对平衡，且通货膨胀水平低，资金成本率就相应较低；反之，则资金成本率高。

2. 资本市场条件

资金成本还受到资本市场的影响，如果资本市场效率低，证券的市场流动性低，那么投资者投资风险就较大，要求的期望报酬率高，资金成本就会比较高。

3. 企业风险水平

经营风险是企业投资决策的结果，表现在资产收益率的变动上；财务风险是企业筹资决策的结果，表现在普通股收益率的变动上。如果企业的经营风险和财务风险大，投资者便会有较高的收益率要求，此时企业筹资的资金成本就会相对较大。

三、个别资金成本的计算

个别资金成本是指不同筹资方案所需支付的成本，主要包含长期借款、企业发行的长期债券以及优先股、普通股、留存收益等。一般将长期借款和长期债券的资金成本称为债务成本，而将优先股、普通股和留存收益统称为权益成本。

1. 资金成本率计算的基本模式

在计算中，为了增加可比性，通常不考虑货币的时间价值，资金成本率作为相对指标，基本的表达式为：

$$资金成本率 = \frac{年资金占用费}{筹资总额 - 筹资费用}$$

2. 债务资金成本的计算

一般来说，长期债务资金成本有如下特点：第一，资金成本的具体表现形式是利息，利率的高低是预先设定的，与企业经营业绩无关；第二，在长期债务生效期内，利息为定值，且利息需按期支付；第三，利息费用是税前的扣除项目；第四，债务本金应按期偿还。

（1）长期借款的资金成本，若不考虑资本的时间价值，则：

$$长期借款成本 = \frac{年利息 \times (1 - 所得税税率)}{筹资额 \times (1 - 筹资费用率)}$$

若考虑时间价值，求贴现率K，则：

$$L(1 - F_1) = \sum_{t=1}^{n} \frac{I_t}{(1+k)^t} + \frac{P}{(1+k)^n}$$

$$k_1 = k(1 - T)$$

其中，T为长期借款年利息，L为长期借款筹资额，F_1为长期借款筹资费用率，k为所得税前的长期借款资金成本率，k_1为所得税后的长期借款资金成本率，P为第n年年末应偿还的本金，T为所得税税率。

（2）公司债券资金成本。公司债券资金成本的计算实际上与长期借款资金成本的计算基本相同。债券利息的支付方式一般有两种，即分次付息和到期一次还本付息。债券的发行价格有平价发行、溢价发行以及折价发行三种，所谓的平价、溢价、折价均是就债券的票面利率与市场利率比较而言的。但是无论债券是哪种价格发行都必须遵循两点：第一，债券利息应按面值计算；第二，债券的筹资费用应该按具体的发行价格进行计算。

若不考虑时间价值，则：

$$K_b = \frac{I_b(1-T)}{B(1-F_b)}$$

式中，Kb为债券资金成本率，I_b为债券年利息，T为所得税税率，B为债券筹资额，F_b为债券筹资费用率。

若考虑时间价值，求贴现率K，则与长期借款资金成本的计算方法相同。

3. 权益资金成本的计算

权益资金成本是指企业的所有者投入企业的资金成本，根据不同的形式，可分为优先股、普通股以及留存收益等。权益资金成本的成本包含两大内容：一是投资者的预期投资报酬；二是筹资费用。

（1）优先股资金成本的计算。优先股就是能够享有某些优先权的股份，具有普通股和债券的双重性质，它的投资报酬表现为股利形式，股利率固定，本金不需要偿还。优先股的成本包含两部分，即筹资费用与预定的股利，计算公式如下：

$$K_s = \frac{D}{Pn(1-f)}$$

具中，Ks代表优先股资本成本率，D代表优先股年固定股息，Pn代表优先股的发行价格，f代表筹资费用率。

（2）普通股资金成本的计算。普通股是公司原始资本和权益的主要部分，其资金成本的确定可以分为股利增长模型和资本资产定价模型两种公式。

①股利增长模型

$$Ks=\frac{Do(1+g)}{Po(1-f)}+g=\frac{D_1}{Po(1-f)}+g$$

式中，g为预期股利的年增长率，D_1为预期的第一年股利。

②资本资产定价模型

$$Ks=Rf+\beta(R_m-R_f)$$

式中，R_f为无风险收益率，R_m为市场组合的平均收益率。

（3）留存收益资金成本的计算。留存收益是公司扣除已宣告股息后的税后净利润，包括提取的盈余公积和未分配利润。留存收益的所有权归普通股股东所有，它既可以用来进行未来股利的分配，也可以作为企业扩大再生产的资本。留存收益的计算方法与普通股相同，只不过留存收益未考虑融资成本。

4. 平均资金成本的计算

资金的平均成本基于每项资金成本在公司总资本中的权重，而单个资金成本率的加权平均值就是总资金成本率。计算公式为：

$$Kw=\sum_{j=1}^{n}k_j w_j$$

式中，K_w为平均资金成本，K_j为第j种个别资金成本率，W_j为第j种个别资金成本在全部资金成本中的比重。

第三节　如何进行资本结构决策

一、资本结构的含义

资本结构在企业筹资决策中占有重要地位，在筹资管理中所说的资本结构有广义和狭义两种。广义的资本结构是指总债务与权益之比，狭义的资本结构是指长期负债与股东权益之比，在实际经营中有多种资本结构可供企业选择。

二、影响资本结构的因素

1. 企业经营状况的稳定性和成长率。一般而言，如果企业的生产和销售活动稳定，则企业可以承担更多的固定财务费用；如果生产和销售量可以在较高水平上增长，则企业可以采用具有高杠杆作用的资本结构来增加股本回报率。

2. 行业特征。如果企业主营业务产品的市场相对稳定，行业整体经营风险较低，则可增加债务资金的比重，发挥财务杠杆作用；如果是主营高科技产品的企业，而且技术和市场尚未成熟，存在很高的运营风险，则应缩小债务资金的比例。

3. 企业发展周期。处于初创期的企业，经营风险较高，应降低负债比重；发展到成熟期的企业，经营风险较低，可适当增加负债比重。

4. 税务政策和货币政策。当所得税税率较高时，债务的减税效果会更大，企业应充分利用这种效果来增加公司的价值；当国家实施紧缩货币政策时，市场利率更高，企业债务成本也增加了，因此应减少负债。

三、资本结构决策的方法

1. 比较资本成本分析法

比较资本成本分析法是对不同资本结构的加权平均资本成本进行计算，选择加权平均资本成本最低的资本结构，其决策步骤如下：

（1）确定各方案的资本结构；

（2）确定各结构的加权资本成本；

（3）进行比较，选择加权资本成本最低的结构为最优资本结构。

2. 每股收益无差别点分析法

每股收益无差别点分析法又称EBIT-EPS分析法，是对每股收益的变化进行分析，据此来衡量资本结构是否合理。根据这种分析法，使每股收益得以提高的资本结构就是合理的，否则就不够合理。

每股收益的无差别点可以用三种不同的方法表示：用无差别点的息税前利润（EBIT）来表示；用无差别点的销售收入来表示；用无差别点的销售量来表示。根据每股收益的不同点，我们可以分析得出不同的资本结构更适合何种销售水平。通过无差别点法进行分析的计算公式如下：

$$\frac{(\overline{EBIT}-I_1)(1-T)-D_1}{N_1}=\frac{(\overline{EBIT}-I_2)(1-T)-D_2}{N_2}$$

其中，$\overline{EBIT}$为息税前利润无差别点，即每股利润无差别点，I_1、I_2为两种筹资方式下的年利息，D_1、D_2为两种筹资方式下的年优先股股利，N_1、N_2为两种筹资方式下的普通股股数，T为所得税税率。

3. 公司价值分析法

运用公司价值分析法时，需要事先对不同资本结构下的企业价值进行估计，按照价值最大化的原则来选择最优的资本结构。当运用公司价值分析法基于资本结构理论做出资本结构的最优决策时，必须综合考虑资本成本和财务风险对企业价值的影响，以企业价值最大化为前提，确定最优资本结构的目标。公司价值分析法的具体操作步骤如下：

（1）计算企业市场价值

（V）=权益资本的市场价值+债务资本的市场价值

（2）假设企业各期的EBIT保持不变，债务资本的市场价值等于其面值，权益资本的市场价值（S）可表示为：

$$S=\frac{(EBIT-I)(1-T)}{K_s}$$

公式中，S为企业权益价值的折现价值，EBIT为企业未来的年息税前利润，I为企业长期债务的年利息，T为企业所得税税率，K_s为企业权益资本成本率。

（3）找出该企业价值最大的资本结构，该资本结构为最佳资本结构。

第四节 营运资金管理策略

一、营运资金的概念

营运资金又称为营运资本，是流动资产和流动负债的总称，它包含两个概念，分别是净营运资金和总营运资金。流动资产与流动负债之差被称为净营运资金，它可以结合流动比率、速动比率和现金比率来衡量企业资产的流动性。如果流动资产等于流动负债，则流动资产占用的全部资金由流动负债的融资构成；如果流动资产大于流动负债，则相应的"流动资产净值"应使用长期负债或部分股权作为资金来源。

二、营运资金管理决策的内容

1. 企业营运资金的综合管理策略的制定

营运资金的综合管理策略是指企业的流动资产与流动负债的匹配策略，也就是说，根据为满足企业业务需求而占用的流动资产的数量，将资金与流动负债进行匹配所产生的几种不同的企业营运资金的管理策略，也反映了企业管理者对风险和收益回报的态度。

2. 现金管理

现金管理体现在企业资产的流动性上，从企业的角度来说，现金是不产生收益的资产，因此从价值最大化的角度分析，应尽量减少现金的持有量，但企业由于经营的需要，不可能不置存现金，那么就要考虑在满足企业生产经营需要的条件下，如何降低企业的现金持有量。

3. 应收账款管理

应收账款是企业赊销所形成的，赊销涉及企业的信用管理问题，应收账款的管理一方面要确定企业的信用标准和信用政策，另一方面要制定收款政策，加速应收账款的收回。

4. 存货管理

存货在企业的流动资产中所占的比例最大，它涉及企业的供、产、销全过程。存货管理就是要确定用于存货的短期资金是多少，如何筹集这部分资金并使存货占用的资金成本最小。

三、流动资产的投资策略

1. 流动资产投资水平的决定因素

（1）企业经营的不确定性。流动资产通常会随着销售情况的变化而变化，销售额的不确定性和不可预测性越大，投入到流动资产中的资金需求量就越大。

（2）风险承受程度。如果企业在整体的管理风格上是保守谨慎的，那么它将会保持较高水平的流动资产周转率，以保证更高的安全性，但同时盈利能力可能更低。

2. 流动资产投资策略的类型

（1）紧缩的投资策略。此类型的特点是流动资产周转率较低，流动资产的持有成本较低，但是经营和财务风险较高。

（2）宽松的投资策略。此类型的特点与紧缩型的投资策略恰好相反，流动资产周转率较高，流动资产的持有成本也较高，经营和财务风险较低。

3. 策略选择的影响因素

（1）企业对资产风险和收益的权衡。当持有流动资产的成本和短期成本之和较低时，则流动资产的占用水平是流动资产的最佳投资规模。

（2）产业因素。对于销售利润率较高的行业，宽松的信用准则可能为企业带来更为可观的收益，反之则应该保守一些。

（3）决策者。如果一个企业的决策者的风格是趋于保守的，那么他可能更偏爱宽松的投资策略；如果决策者是属于风险承受能力较强的类型，那么他可能更偏爱紧缩的投资策略。

四、营运资本融资策略

1. 稳健的营运资本融资策略

这种策略主张尽可能减少企业资金来源中的短期负债，提倡通过发行长期债券或向银行长期借款的方法来筹集资金，更稳健者还会要求以公司的权益资金来代替长期债务，即企业流动资产中的大部分资金来源由长期资金提供。

这种稳健策略的主要目的是规避风险，但规避风险的同时也会使得企业的资本成本加大，利润减少，因此它并不是最理想的策略。

2. 激进的营运资本融资策略

该策略要求企业尽可能扩大流动负债的使用范围，为流动资产筹集必要的资金，并寻求资金成本最低的资金来源。

显然，这种激进策略的目的是追求最大利润，但是这种策略在获取最大利润的同时，未必能使股东财富最大化。当流动负债比例过高时，企业的经营风险扩大，这就会导致权益资本成本的上升，企业整体资本成本提高，从而使企业的市场价值下降。

3. 匹配的营运资本融资策略

综上所述，企业的营运资本融资策略既不能过于保守，也不能过于激进，而应在两者之间寻求一种适合于本企业的折中方案，也就是企业在风险与收益之间寻求一个平衡点，力求使企业的价值最大化。

第六章

战略成本管理强化成本管控

- 战略成本管理概述
- 战略定位分析
- 价值链分析

第一节 战略成本管理概述

一、战略成本管理的内涵和特点

战略成本管理是一种成本管理的新思维,指的是根据企业经营战略中的具体成本动因、内部的价值链以及在一个更大价值链中所处的位置制定决策,它是在传统的成本管理基础上的丰富和发展。相比于传统的管理会计,战略成本管理更注重企业外部环境的影响,其管理流程不仅要适应企业特定阶段的战略目标,还要有助于战略目标的实现。其本质为:从战略高度对企业的成本结构进行分析,为企业管理服务。战略成本管理具有以下特点:

1. 观念的创新性

战略成本管理不仅是一种新的成本管理方法,更是对管理会计系统观念的更新。战略成本管理基于价值评价和价值分配的角度对成本核算与控制方面进行创新,能够在最大程度上弥补传统成本管理的不足,不再局限于降低成本,而是建立持久的成本优势。

2. 管理的开放性

战略成本管理更加关注企业的外部环境,重视企业与市场的关系,相较于传统成本管理更加开放。战略成本管理的范围不再局限于企业内部,而是从材料采购环节到产品研发设计直到售后服务,与供应商、经销商以及客户的联系都在管理范围内。战略成本管理的开放性使其能够及时根据市场需求的变化调整企业的生产经营活动,在市场竞争中占有优势。战略成本管理范畴内的竞争优势是指以同样或比竞争对手更低的成本创造更高的顾客价值,或以低于竞争对手的成本创造同等的价值。

3. 对象的全面性

战略成本管理立足于企业所处的竞争环境,其分析对象不仅包括企业内部价值链,还包括竞争对手价值链和企业所处行业的价值链。从企业价值活动的层面来看,战略成本管理既重视基本活动,也重视辅助活动,关注对象具备全面性。战略成本管理把企业内部自身价值创造和企业外部价值转移联系起来,使企业也成为整个产业价值创造过程中的一部分。

4. 目标的长期性

企业的竞争优势是建立在成本对比基础上的,获得成本优势也就等同于获得了竞争优势。战略成本管理的目标不仅局限于短期的财务数据与报告,更是通过成本管理使企业在竞争中获得并长期维持优势地位。竞争地位的提高短期内未必能够直接促进利润增加,但长期一定会引起利润增长。因此,战略成本管理更注重企业的长远发展,而不再追求某个会计期间内的成本最低,甚至可能使企业放弃短期利益来获得持久的竞争优势。

5. 信息的多样性

虽然战略成本管理是在传统成本管理系统的基础上结合战略管理发展起来的新的成本管理系统,但其成本管理的本质并未改变。传统成本管理关注的对象主要是收入与利润、现金流、股价等财务指标,而战略成本管理系统则提供超出成本会计范畴的更加广泛的战略信息,这些信息不仅包括财务信息,也包括如质量、需求量、市场占有率等极为重要的非财务信息。

综上所述,战略成本管理与传统成本管理之间最大的区别就是在实施成本管理的同时需要考虑企业的竞争地位变化,这就要兼顾企业内部成本和外部竞争环境的变化,以便能够随时调整企业战略。战略成本管理结合了成本管理与战略管理的内容,是传统成本管理为适应竞争环境的变化所做出的变革,也是当代成本管理的必然发展趋势。相较于传统成本管理,战略成本管理更具有前瞻性,也更适应市场经济下的竞争环境,能够在很大程度上弥补传统成本管理的不足。

二、战略成本管理的基本模式

在战略成本管理的具体实施阶段,不同的企业所适用的模式也不尽相同,目前广泛使用的主要是Robin Cooper模式和John Shank模式。

1. Robin Cooper模式

Robin Cooper模式是由作业成本法的提出者之一罗宾·库珀(Robin Cooper)设计的,该模式是将作业成本法应用在战略管理中,协助企业形成最优战略,并为实施这一战略提供全方位的服务。Robin Cooper模式的本质是在传统成本管理体系中引入作业成本法,并关注企业竞争地位的变化,从而构成一种战略成本管理系统。Robin Cooper模式将作业成本法全面应用于公司内部的各部门、外部以及竞争对手等方面,以准确的成本核算将企业管理者和全体员工的工作和企业战略联系起来,以达到在降低成本的同时提高企业竞争力的目的。

2. John Shank模式

John Shank模式是由美国管理会计教授约翰K.尚克(John K. Shank)在迈克尔·波特(Michael Porter)所著的《竞争优势》一书的基础上提出的,该模式明确了成本管理在企业战略中的功能定位。John Shank模式关注成本动因,运用价值链分析工具为企业的成本管理提供战略透视,其基本框架包括:战略定位分析、战略价值链分析和战略成本动因分析。

(1)战略定位分析。进行战略定位分析,首先要详细调查企业所处的内外部环境,通过对行业、市场和产品的分析,确定企业的行业定位、市场定位以及产品定位,进而确定相应的竞争战略,以确保企业能够在行业、市场和产品上击败竞争对手,实现高于行业平均水平的利润。

（2）战略价值链分析。进行价值链分析,首先,要了解企业在整个行业价值链中的位置,以便利用上、下游价值链进行成本管理;其次,要了解企业内部的价值链,尽可能消除不增值作业,减少不必要的资源浪费;最后,了解企业竞争对手的价值链,明确企业自身的优势和劣势。

（3）战略成本动因分析。战略成本动因分析的目的是找出影响企业成本的结构性动因和执行性动因,结合企业战略,通过控制成本动因、重构价值链,来进行有针对性地有效成本控制,以降低所有价值活动的累计总成本,取得成本竞争优势。

第二节　战略定位分析

一、战略定位分析的内涵

在市场经济环境中，企业要想在与对手的竞争中获得胜利，就需要通过战略定位分析确定战略目标，并采取相应的竞争战略。战略定位分析是结合自身产品特点与内外部环境对企业战略进行分析，企业进行战略定位分析采用的基本方法主要有：SWOT分析法、波士顿矩阵分析法和产品生命周期分析法。

二、SWOT分析法

SWOT分析法是指企业在制定竞争战略时，通过对企业经营环境的分析，找出企业外部存在的机会与威胁，同时确定企业内部的优势与劣势，在此基础上将这些战略因素进行比较，从而制定出企业的战略目标。

1. 企业内部的优势和劣势

优势与劣势存在于企业内部，一个企业的优势一般体现在比竞争对手拥有更先进的技术和更丰富的资源，而劣势则是缺少竞争对手所具有的重要技术或能力。通过分析企业内部条件，即企业内部的产品创新、生产流程、资源配置、战略实施情况等多种因素，就能够识别一个企业内部的优势和劣势。

一个企业特有的技术或能力被称为核心能力，核心能力决定了企业竞争力的持久性，是企业竞争力的重要表现形式。核心能力具备以下特点：

（1）核心能力是其他企业难以模仿的能力；

（2）核心能力是企业独特的竞争优势，它通过产品和服务给消费者带来独特的价值、效益；

（3）核心能力不局限于单个产品，而是体现在一系列产品上。核心能力代表了一个企业在某些领域内的显著竞争优势，是企业战略定位的基础。

2. 企业外部的机会和威胁

机会和威胁来自于企业外部。机会是指外部环境中对企业战略造成影响的重大因素，人口变化、优惠政策和技术革新，都可能给企业带来机会。企业管理者应当确认每个机会，并对其发展潜力和利润前景作出评价，从中选择与企业财务和组织资源相匹配并能使企业获得竞争优势的最佳机会。相对而言，威胁是指外部环境中存在的对企业的市场地位不利的因素，例如新竞争者的进入、替代产品的产生和对企业不利的技术变化等。企业管理者应当及时识别可能对企业产生威胁的因素，采取相应的战略来减小或消除其造成的影响。通过分析企业的竞争者及企业所处行业，能够识别企业的机会和威胁，具体可以考虑以下几个方面：

（1）进入壁垒。是否存在如资本条件、规模经济、产品差异及分销渠道壁垒等因素而限制新的竞争者进入；是否存在政府管制和政策等因素约束竞争；对新的竞争者进入的限制达到何种程度等。

（2）竞争强度。企业面临的行业竞争如何，竞争激烈可能是高进入壁垒、专用资产（限制其在行业中的流动性）产品的高速创新、市场总需求慢速增长及行业生产能力过剩的结果。

（3）替代品压力。替代品是否会提高企业面临的竞争强度。

（4）顾客的议价能力。顾客的议价能力越高，企业所面临的压力就越大。如果有相对较低的转换成本或产品的差异性小，顾客的议价能力就较高。

（5）供应商的议价能力。供应商的议价能力越高，企业面临的竞争就越激烈。当供应商被少数几个大商家控制时，或供应商有其他较好的销路时，他们的议价能力会越高。

3. 关键成功因素与战略成本信息系统

战略成本管理不再局限于关注成本，更要及时、准确地识别、计量、收集、分析和报告那些能帮助企业获得持久竞争优势的关键成功因素，如图6-1所示。SWOT分析法通过关注企业的优势、劣势、机会和威胁，识别出那些对企业成功至关重要的关键因素并制定相应的衡量指标，从而为管理者制定和实施战略提供充分的信息。

随着企业竞争的加剧，顾客对质量、成本和时间的期望值越来越高。因此，成本、质量和时间已经成为企业取得持久竞争优势的关键因素。

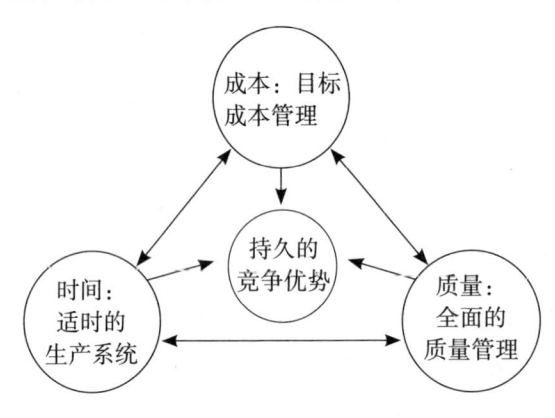

图6-1 关键成功因素

（1）成本。企业的目标是以最低的成本提供满足顾客需求的产品或劳务，而市场的竞争使成本领先的优势更加凸显，迫使企业不断寻求控制和降低成本的有效措施。

（2）时间。时间因素主要指的是新产品投放市场的时间、企业对客户需求变化的反应速度以及产品能否按时交付给客户等。企业需要利用新技术加快产品的研发、投放和交付速度，以适应客户快速变化的需求。

（3）质量。随着经济水平的不断提高，客户对产品质量的期待也更高。提高产品质量，为客户提供高品质的产品成为企业生存和发展的关键。

为了支持企业战略并向管理者报告关键因素，需要建立一个战略成本信息系统，用于确定企业战略信息系统的重点，还可以对相关的关键成功进行衡量、收集和报告。平衡计分卡就是一种战略成本信息系统，能够体现财务和非财务战略信息的重要性，并从财务绩效、客户满意度、企业内部流程和学习创新四个方面概括企业实现战略目标的关键因素。平衡计分卡的设计与其他信息系统一样，应考虑管理层对信息的及时性、准确性和保密性等要求，并适应公司不同层面的关键因素。企业应用平衡计分卡是保持行业竞争力的重要手段。

三、相对市场份额与波士顿矩阵分析法

通过SWOT分析法的分析对企业的发展方向有了总体思路，在此基础上还应该对相对市场份额进行详细分析，以便于有针对性地实施成本控制，降低所有价值活动的累计成本，获得成本竞争优势。

相对市场份额是反映企业与竞争对手实力对比的一个重要指标，企业可以采用波士顿矩阵分析法来分析。该矩阵又称产品组合矩阵，以相对市场份额为横轴，以市场增长率为纵轴，具体如图6-2所示。其中：

$$市场增长率 = \frac{本企业某年度产品销量 - 本企业上年度该产品销量}{本企业上年度该产品销量}$$

市场增长率代表了企业的现金耗用。这是因为，高市场增长率需要大量的资产投入和资金支持，从而消耗大量的现金。

市场增长率			
高	Ⅰ 问题类产品 利润率较低，负债比率高，采用选择性投资战略	Ⅱ 明星类产品 积极扩大经济规模和市场机会，加大投资，支持其发展	
低	Ⅲ 瘦狗类产品 利润率低、处于保本或亏损状态，负债比率高，应采用撤退战略	Ⅳ 金牛类产品 销售量大，产品利润率高、负债比率低，可为其他产品提供资金	
	低	高	
	相对市场份额		

图6-2 波士顿矩阵

占有较高的相对市场份额意味着企业是市场的领先者，这样的企业通常能实现较低成本，因此盈利能力强且现金充沛。

处于区域Ⅰ中的产品被称为问题类产品，这类产品是现金的消耗者，企业以"发展"为战略，加大现金投入，迅速占领市场，以获得更高的市场占有率为战略目标，从而使其上升到明星类产品乃至金牛类产品。处于区域Ⅱ中的产品被称为明星类产品，这类产品需要大量的现金投入，但其处于强大的竞争地位，能够自行产生所需的资金，对于这类产品，战略是"保持"，目标是保持现有的市场份额。对于处于区域Ⅲ中的瘦狗类产品，需要采取"放弃"战略，尽快将其从企业经营范围内驱逐出去，并把开发新产品作为主要战略目标。处于区域Ⅳ中的金牛类产品，由于其拥有较高的市场占有率，产生规模效应，单位成本较低，在市场上占据主导地位；又由于其市场增长率不高，不需要在营销上投入大量费用，进而产生大量的现金净流入，因此须使这类产品继续保持市场占有率，并尽量延长"收割"期，即金牛类产品应以追求短期利润最大化或现金净流入最大化为目标。

四、产品生命周期分析与阶段性战略

为了确保战略目标的合理性，我们通常还应该进行产品生命周期分析。产品生命周期是指某种产品自从被投入市场到从市场上消失为止的整个时期，这一周期可以分为导入期、成长期、成熟期和衰退期四个阶段，如图6-3所示。企业所面临的机遇和风险会因所处阶段不同而有所不同，对生命周期进行正确判断有助于更好地指导企业进行战略成本管理。

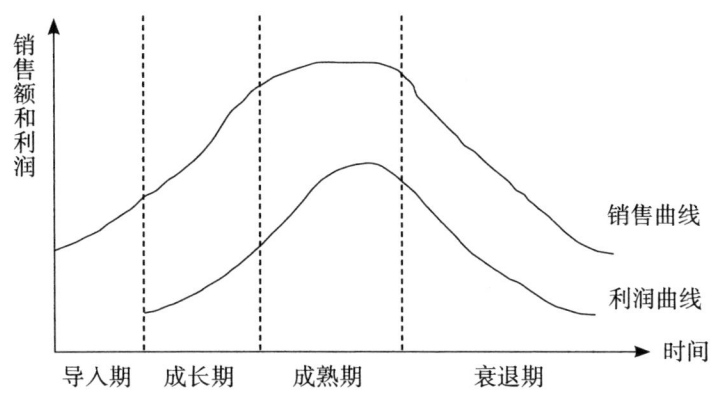

图6-3 产品生命周期曲线

在导入期，消费者对产品知之甚少，销量增长缓慢，需要支出大量的销售费用，利润几乎为零，因此，企业这一时期的战略是"发展"，把扩大市场份额作为主要战略目标。在成长期，产品迅速被市场接受，销量和利润不断上升，前景广阔。在成长后期，高利润促使竞争对手加入，竞争日趋激烈。为确保领先地位，应继续把扩大市场份额作为主要战略目标。在成熟期，由于大部分潜在客户都已经购买了该产品，销量增长缓慢，但销售量和利润仍然较大。为了应对竞争，企业必须采取"保持"的战略，增加营销费用的支出，努力保持现有的市场份额和竞争优势，但由于营销成本增加，利润会略有下降。到了衰退期，销售额和利润大幅下降，可采取"收割"和"放弃"战略，尽量延长衰退期，抓紧"收割"，以预期利润和现金流入的最大化为战略目标，甚至不惜牺牲部分市场份额。由上可见，随着产品从导入期逐渐成长并走向成熟，企业面临的外部环境和内部条件越来越稳定，企业采取的成本管理系统也应随之变化。

五、竞争战略的选择

通过运用上述的SWOT分析法、波士顿矩阵分析法与产品生命周期分析法进行分析后，企业的战略目标基本确定。确定战略目标之后，就需要制定竞争战略，以获得持久的竞争优势。美国哈佛商学院的教授迈克尔·波特指出：成本领先战略、差异领先战略和目标聚集战略是有助于企业成功的三个基本战略。

1. 成本领先战略

成本领先战略是借助规模经济和严格的成本控制，使企业成为行业内成本最低的生产者。如果企业所有价值活动的累计成本低于竞争对手，则具有成本优势。当企业在行业中属于低成本制造商，即成本成为核心竞争力时，可以选择成本领先战略。成本领先战略是所有竞争战略中最明确的。在这一战略的指导下，企业的目标是成为本行业的低成本制造（服务）商，在所提供的产品（或服务）的功能和质量差别不大的情况下，企业应尽可能降低成本以获得竞争优势。

2. 差异领先战略

差异领先战略是通过树立良好的品牌形象和为客户提供优质的服务等方式来提供独特的且受到客户喜爱的产品竞争优势。差异领先战略的核心是追求与创造特色。当一个企业能够为买方提供一些独特的且价格低廉的产品时，这个企业就具有了区别其他对手产品的差异性。如果购买者偏好和要求的多样性太强，标准化产品难以完全满足，此时差异领先战略就是一个很有吸引力的竞争战略。

3. 目标聚集战略

目标聚集战略是采取适当的突破口，从成本或差异化方面领先于他人。目标聚集战略和成本领先战略的区别在于目标聚集战略专注于市场的一部分，为了适应整个市场个性化需求的趋势，将市场划分为越来越多的细分市场，并根据每个细分市场的需求特点开发不同的产品。目标聚集战略最大的特点是不追求大市场的小份额，而是追求小市场的大份额。目标聚集战略从本质上讲是成本领先战略和差异领先战略的部分实施。

第三节 价值链分析

一、价值链与价值活动

价值链是企业使其产品或服务产生价值的一系列环节和活动。每个企业的生产经营活动都可以分解为能产生价值的一系列作业,每项作业都会影响企业的成本。因此,价值链是由为生产产品或提供劳务而发生的一系列作业构成的,每个企业从产品设计、生产、营销直到交货以及对产品生产起辅助作用的各种活动都可以用价值链表示出来,如图6-4所示。

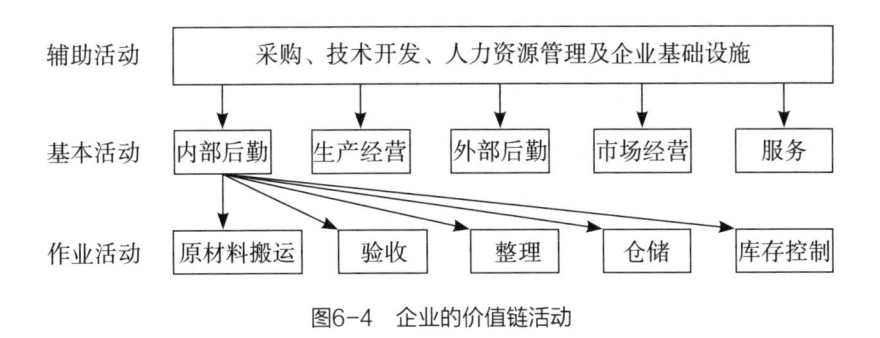

```
辅助活动 ── 采购、技术开发、人力资源管理及企业基础设施
             │     │     │     │     │
基本活动 ── 内部后勤  生产经营  外部后勤  市场经营  服务
             │
作业活动 ── 原材料搬运  验收  整理  仓储  库存控制
```

图6-4 企业的价值链活动

1. 识别价值活动

企业的价值链活动可以分为基本活动和辅助活动两类。基本活动是指生产经营的实质性活动,包括产品的生产、销售和售后服务等活动,具体可以划分为以下五类:

（1）内部后勤（如原材料搬运、整理、仓储等）；

（2）生产经营（如加工、包装、组装、设备维护等）；

（3）外部后勤（如产成品库存管理、订单处理和送货等）；

（4）市场营销（如广告、销售等）；

（5）服务（如产品安装、维修等）。

辅助活动是为基本活动提供支持的活动，具体可以划分为四类：

（1）采购（指购买材料的活动，并非材料本身）；

（2）技术开发（指改进产品和工序的技术活动）；

（3）人力资源管理（如招聘、培训、雇佣等）；

（4）企业基础设施（财务、法律、行政和质量管理等）。

上述五类基本活动和四类辅助活动可根据产业特点和企业战略划分为若干个不同的活动，每项基本活动又能细分为若干个相互独立的作业活动，例如图6-4中的内部后勤活动可以细分为原材料搬运、验收、整理、仓储和库存控制五项独立的作业活动，这些价值活动的再分解能够帮助企业准确定位竞争优势的来源。

2. 价值链的联系

价值链理论将企业视作最终满足客户需求的一系列作业的集合。通过识别、利用内部和外部价值链之间的联系，能够使成本管理的对象不再局限于个别部门、个别流程和个别作业，帮助管理者从价值链视角实施成本管理。

（1）价值链的内部联系：是指某项价值活动的成本与另一项价值活动的成本之间的关系。价值链的内部联系可以是各项基本活动之间的联系，如更精细化的工艺流程可能会增加生产经营活动的成本，但是会减少服务活动的成本；价值链的内部联系也可以是基本活动和辅助活动之间的联系，如某项产品的技术开发活动成本可能会对该产品的生产经营和市场营销活动的成本产生影响。

价值链内部各种联系的确认过程就是探索每项价值活动与其他价值活

动之间的影响关系的一个过程。当价值链内部的活动相互联系时，改变其中某项活动的实施方式可能会降低另一项活动的成本，而提高某项活动的成本也可能降低另一项活动的成本，甚至可能实现总成本的降低。在实际工作中，价值链内部各项活动之间关系可能较为复杂，如采购活动对生产经营和市场营销活动的成本影响并不明显，因此，进一步分解各项活动有助于准确掌握价值链的内部联系。

（2）价值链的外部联系：是指企业与外部行为主体之间的价值活动联系，还包括企业与其经营活动的上游（供应商）和下游（客户）之间的联系。与供应商的联系一般发生在供应商的产品设计、服务、质量保证程序、包装、交货程序和订单处理等方面。如供应商加强对产品质量的控制可减少企业检验产品的成本。与客户的联系一般体现在销售渠道、仓库的位置、广告陈列、外部后勤等方面。

价值链的外部联系反映了企业经营活动与供应商和客户的价值链之间的相互依存关系，供应商和顾客的经营活动会对企业活动的成本或效益产生影响，反之亦然。由于一个企业的价值链也是行业价值链中的一部分，因此，企业应该将自己置身于更大的价值链中，通过分析与上下游之间的关系，寻找自己的竞争优势。

二、价值链分析的方法

价值链分析主要可从内部价值链分析和产业价值链分析两方面着手，此外还应对竞争对手的价值链进行分析。

价值链分析指的是对于价值链中会对战略产生影响的活动进行结构化分析，通过评价企业内部、内部与外部之间的相关活动，从而实现整个企业的战略目标，实现成本的持续降低。价值链分析作为聚焦战略的成本管理方法，有助于企业降低成本，增强自身竞争力。

价值链分析的第一步就是明确企业及其所处行业的价值链，将资产与收入按照价值链的各环节进行分配；第二步是明确各类活动的成本动因，也就是判断各类价值活动发生的单位成本；第三步是基于前面的分析，对单位成本进行控制与优化，使企业自身的价值链更具特色，在竞争中获得优势。

1. 企业内部价值链分析

企业内部价值链分析就是识别生产经营活动的基本价值链，将其作为独立的作业来看待，并根据战略目标进行价值作业之间的权衡、取舍、调整，以降低成本、增加价值。企业内部存在许多价值链，每个价值链在产生价值时也占用相应的资源，它们之间相互依存、相互制约。

企业价值链往往可以揭示企业内部开展的各项活动和功能。图6-5可以概括一个企业的内部价值链。

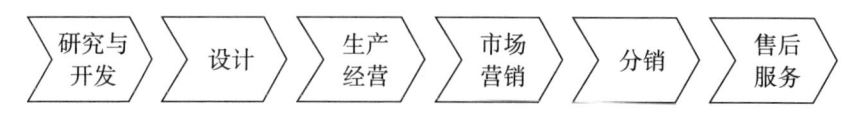

研究与开发 〉 设计 〉 生产经营 〉 市场营销 〉 分销 〉 售后服务

图6-5 企业的内部价值链

2. 产业价值链分析

企业应避免局限于自身，而将企业置身于行业价值链中，从宏观战略高度进行分析，考虑是否可以利用上下游价值链进一步降低成本或调整企业在行业价值链中的位置及范围，以取得成本优势。产业价值链分析有助于合作伙伴通过研究他们共同的价值链发现共同的机会。图6-6可以概括一个企业的产业价值链。

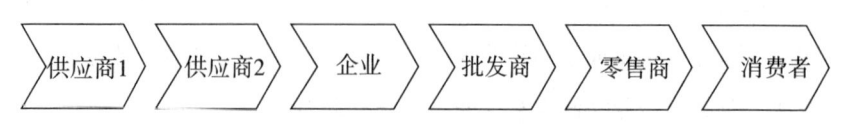

供应商1 〉 供应商2 〉 企业 〉 批发商 〉 零售商 〉 消费者

图6-6 企业的产业价值链

3. 竞争对手价值链分析

在一个行业中往往存在具有相同或相近价值链的多家企业，竞争企业的价值链和本企业价值链在行业中处于平行位置。通过对竞争对手价值链的分析，不难推测出其成本构成与支出情况，并与自身进行比较，分析自身竞争优势的差异所在，从而根据企业不同的战略，确定能够发挥自身优势的策略以争取成本优势。

三、基于价值链分析的作业成本管理

1. 作业成本管理的基本原理

作业成本管理是基于作业成本法的管理方法。作业成本管理的重点是那些为企业创造价值的重要作业，通过对作业的识别和计量，选择生产过程中创造价值最大而支付成本最少的作业活动，指导企业有效执行作业，降低成本，提高效率。

作业成本管理在具体执行中可具体分为三个步骤：作业分析、成本动因分析和业绩计量，这三个步骤需按次序衔接，循环进行。

（1）作业分析。首先，识别出不必要或不增值的作业，对这类作业按成本高低进行排序，重点分析排在前面的高成本作业，并尽可能消除这些作业；其次，将本企业的作业与同行业先进企业的作业进行比较，以判断某项作业或企业整体作业链是否有效，并寻求改善。

（2）成本动因分析。成本动因即构成成本结构的决定性因素，通常分为资源动因和作业动因两种。资源动因是资源成本分配到作业中心的标准，反映作业中心对资源的消耗情况；作业动因是将作业中心的成本分配到最终商品的纽带。成本动因分析的目的，就是通过对各类不增值作业根源的探索，力求摆脱无效或低效的成本动因。

（3）业绩计量。在作业分析和成本动因分析的基础上，构建绩效计

算体系，以便对作业成本管理的执行效果进行考核和评价，然后通过这种作业成本管理绩效信息的反馈，进行下一循环的更高层次的作业分析和成本动因分析。

作业基础成本管理的主要作用如下：

（1）通过区分增值作业和非增值作业，更有效地管理成本；

（2）判断关键活动的过程和作业是否有效，以寻找降低成本的可行路径；

（3）通过优化资源分配、关注关键环节，扩大企业竞争的优势。

2. 价值链成本管理

价值链成本管理是以价值链理论、作业成本管理理论为基础，以价值链分析和成本动因分析为手段的成本管理体系。作业基础成本管理的最终目标是从作业角度降低企业产品成本，提高企业的战略地位。价值链分析关注的是流程，而不是部门。绝大多数情况下，企业的经营流程是跨部门的，以价值链分析为基础的作业成本管理能够帮助管理者了解一个部门的作业是如何与另一个部门的作业和成本相关联的，从而使成本控制更有效。因此，对大多数企业而言，只有采用价值链成本管理后，企业价值链和作业成本管理之间才能形成良性循环，如图6-7所示。

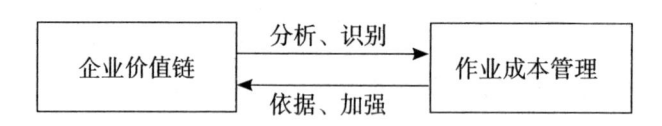

图6-7 作业成本管理和企业价值链的关系

企业实施价值链成本管理，要从战略高度把握影响成本的各个环节，既要重视与上游供应商、下游客户以及经销商的联系，也要了解竞争对手的成本情况。由于企业进行价值活动的过程中必然伴随成本的支出，因此从企业整体而言，所有的成本都可以分摊到每一项价值活动中，同时也能够将每一项价值活动所需付出的成本反映出来。因此，可以通过价值链分析来识别企业的价值活动，掌握各项价值活动的成本处于什么样的分布状态，并将企业价值活动所耗费的成本与其对产品价值的贡献进行比较，进而区分增值活动和非增值活动，尽量降低增值活动的成本、消除非增值活动，从而优化价值链，使企业整体成本降低并获得竞争优势。

价值链成本管理中的价值链分析是客观、全面的，不仅要对企业内部的成本进行分析，更要重视在整个产业价值链中供应商和客户对企业利润的影响，以及对竞争对手价值链的分析，具体表现在以下几方面：

（1）通过价值链成本管理进行流程再造。通过企业内部价值链的分析，实现企业内部流程的价值链成本管理，进而优化企业内部流程。其实质是对非增值作业进行不断地削减和剔除，提高企业的绩效，其步骤如下：①确定关键作业；②削减或剔除不增值作业；③提高增值作业的效率；④进行作业流程再造。

（2）通过价值链成本管理，开创与供应商的关系。通过价值链分析，了解与供应商之间的关系，同时通过价值链成本管理，开创与供应商的战略伙伴关系。具体可从以下几个方面着手：与供应商关系的改善；产品设计阶段的合作；供应商零部件制造阶段的合作。

（3）通过价值链成本管理，开创与客户的关系。通过价值链分析，了解与客户之间的关系，同时通过价值链成本管理，开创与客户的战略伙伴关系。具体可从以下几个方面着手：与客户关系的改善；客户服务成本的管理。

综上所述，价值链成本管理就是要求企业在成本管理过程中充分发挥价值链的作用，以价值链理论为指导，运用价值链分析从战略维度发掘降低成本的空间，提高产品和企业的价值，增强企业的竞争力。

四、价值链重构和成本优势

随着作业成本法的出现，价值链重构已经成为改进企业生产流程，实现降本增效的有效方式。重构价值链的过程，是从根本上重新设计一个设计、生产和销售产品的流程。价值链重构的目标是彻底改进质量和服务，构建与竞争对手有显著差异的价值链，实现成本的大幅度降低，帮助企业获取成本优势。

构建差异化的价值链具体可以采用以下几种方式：使用不同的生产工艺；采用直销的方式销售；开发新的分销渠道；横向、纵向整合产业；迁移与供应商和顾客有关的厂房等设施；利用有效的广告宣传的媒介等。

价值链重构能够从根本上对企业成本进行优化，即利用企业的优势改变其竞争基础。重构后的新的价值链能够在内在生产经营活动中提高效率，有助于企业在行业中建立新的成本标准，占据成本优势。

一个企业的竞争优势往往在于对竞争至关重要的价值链活动方面比对手做得更好。企业可以通过创建全新的价值链体系，或者通过重组现行的价值链，剔除那些创造极少价值或成本高昂的价值链活动，获得巨大的成本优势。

第七章

日常经营中的预测分析

- 经营预测概述
- 如何进行销售预测
- 如何进行成本预测
- 如何进行利润预测
- 如何进行资金需要量预测

第一节　经营预测概述

一、经营预测的含义

经营预测是指根据既往的经验和现有的信息，运用一定的科学预测方法，对经济活动可能产生的效益及发展方向做出科学性推测的过程。科学的经营预测能帮助企业做出正确决策，是企业战略规划的重要组成部分。经营预测的内容主要包括：销售预测、成本预测、利润预测和资金需要量预测等方面。

二、经营预测的程序

1. 确定预测目标。即明确要进行预测的对象，然后根据预测的具体对象和内容确定预测的范围，并规定预测的时间期限和数量单位等。

2. 收集数据和信息。经营预测有赖于系统、准确和全面的数据和信息，所以，收集全面、可靠的数据和信息是开展经营预测的前提条件之一。

3. 选择预测方法。预测方法多种多样，既有定性预测方法，又有定量预测方法。我们要根据预测对象的特点及收集到的数据和信息，选择恰当的、切实可行的预测方法。

4. 进行实际预测。运用收集的信息和选定的预测方法，对预测对象提出实事求是的预测结果。

5. 对预测结果进行修正。随着时间的推移，情况会发生各种各样的变化，我们还应该根据形势的变化采取对策，对初步的预测结果进行修正，保证预测结果符合实际。

三、经营预测的方法

1. 定性预测法。是根据预测人员的知识和经验，凭借掌握的情况和数据资料，通过调研，对资金需要量所作的判断。这种方法主要是定性地估计某一事件的发展方向以及发生的概率，无法给出准确的量化结果。定性预测的准确度取决于预测者的既往经验和知识储备。在进行定性预测时，既要汇总各部门意见，综合说明财务问题，又需要将财务资料进行量化，但这并不改变这种方法的性质。定性预测主要是以经济理论作为支撑，结合实际情况进行分析论证，同时以定量方法作为辅助，这种方法一般在所需资料不完整时使用。

2. 定量预测法。是指在能够掌握分析所需的完整资料时，围绕相关因素，用一定的数学方法加以计算，并将计算结果作为预测依据的一种方法。定量预测方法具体来讲包括趋势分析法、线性规划法、相关分析法等。

第二节　如何进行销售预测

一、销售预测的简述

1. 定义

销售预测是指针对产品在未来特定时间内的售量与售价进行的估计，这种估计应以市场现状及既往销售经验为基础，同时权衡能够影响销售的各类因素，综合提出客观上能够实现的销售目标。

2. 步骤

（1）确定预测目标。产品销售是多个变量相互作用的系统，围绕产品销售这个中心，相关的变量主要有产品售价、供需关系、市场份额等。要对这个复杂的系统进行预测，根据预测期的长短不同，所需资料与分析方法都各有不同，因此，预测目标的确定是进行销售预测的首要问题。

（2）收集和分析资料。有了确切的目标后，就要围绕这一目标进行资料的收集与分析工作，由于资料的准确与详尽程度会对预测结果产生较大影响，因此，收集的信息需满足针对性、真实性、完整性、可比性等要求。

3. 意义

（1）通过销售预测，可使企业更好地规划生产，避免库存冗余。

（2）通过销售预测，可以更加合理地安排生产，及时补货。

（3）通过销售预测，可为销售人员设立目标，提高工作的积极性。

二、销售预测的定性分析法

1. 高级经理意见法

高级经理意见法的预测依据是销售部门经理的经验判断。销售经理等管理者在岗位磨砺多年，对销售状况有一套自身的逻辑与直觉，因此可以将参与销售的一位或多位高级经理的意见综合，形成对销售情况的预测。

2. 销售人员意见法

销售人员意见法的预测依据来源于一线的销售人员。先根据销售人员身处其中得到的一手资料对销售情况做出判断，再根据市场区域的划分对各地销售人员的意见进行汇总，形成预测结果。

3. 购买者期望法

购买者期望法的预测依据是购买者的消费意愿。通过对购买者进行意见征集，收集其购买需求和潜在意向，据此预测未来市场的需求。尽管购买者人数较多，无法一一收集意见，但如果存在少量购买者支撑大部分销量的情况，这一方法就很适用。

4. 德尔菲法

德尔菲法又称专家意见法，做出销售预测的依据为专家的意见。具体操作过程为：由企业选取领域内的权威人士召开会议，进行不记名表决。会议分多轮进行，后一阶段的会议在前一阶段会议的基础上进行，最终得出大多数专家都认同的预测意见。这一方法虽然能够得出大部分专家都认可的结果，但其预测范围较大，通常为整个行业的销售预测，若细化到具体地区和具体存在差异的产品则效果不佳。

三、销售预测的定量分析法

1. 时间序列分析法

时间序列分析法，是按照时间顺序对以往的数据进行排列，分析得出

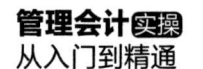

二者之间的相关关系。进行预测时，通过观察得出数据未来的变化趋势，并作出判断。这种方法是目前的销售预测中较为常用的一种方法，具体有以下细分方法：

（1）算数平均法。就是将过去的销售数据按时间顺序收集整理，用算术方法求出平均数，求出的平均数就是对下一阶段的预测值。当然，该方法有其使用条件，只有往期数据较为平缓时才可采用这一方法，如果数据上升或下降趋势明显，则不能采用算数平均法进行预测。

【例7-1】某公司是一家电视机生产企业，根据其过去5年的销售额预测2020年度销售额，相关资料见表7-1。

表7-1　某公司2015~2019年电视机销售情况

年份	2015	2016	2017	2018	2019
销售额（万元）	2 306	2 589	2 430	2 358	2377

根据上述材料，2020年的预测销售额为：

（2 306+2 589+2 430+2 358+2 377）÷5=2 412（万元）

（2）加权平均法。将过去的销售数据按时间收集整理，将各个数据与自己的权数分别相乘，再除以权数之和求得加权平均数，以其作为下一阶段的预测值。此方法中的权数是根据与预测目标的相关性来确定的。与算术平均法相比，加权平均法适用面更广，当往期数据呈现明显的递增或递减趋势时，只需将近期数据的权重设置得大一些，就可以使预测值更加接近准确数据。

加权平均法的计算公式为：

$$Y=\sum_{i=1}^{n} w_i x_i$$

该式中，Y为加权平均数，W_i为第i个观察值的权数，X_i为第i个观察值，n为观察个数。

W_i应满足：$\Sigma W_i=1$且$W_1 \leqslant W_2 \leqslant W_3 \leqslant \cdots\cdots \leqslant W_n$

【例7-2】某公司1~6月电视机销售情况见表7-2，据此预测7月的销售情况。

表7-2　某公司1~6月电视机销量情况

月份	1	2	3	4	5	6
销售量（台）	325	330	335	350	365	360

若规定n=6，W_1=0.1，W_2=0.1，W_3=0.1，W_4=0.2，W_5=0.2，W_6=0.3，则该公司7月的预测销量为：

0.1×325+0.1×330+0.1×335+0.2×350+0.2×365+0.3×360=350（台）

2. 回归分析法

在销售活动中，销售量会随着某些变量的变化而改变。当销售量与时间存在关系时，可以用时间序列法进行销售预测；当销售量与时间之外的影响因素具有相关性时，则可运用回归分析法进行销售预测。

回归分析法假定能够影响预测量的因素只有一个，根据直线方程式y=a+bx，按照数学上的最小二乘法来确定一条可以反映影响因素x与预测量y之间关系的直线。它的常数项a与系数b的值可按下列公式计算：

a=（$\Sigma y-b\Sigma x$）/n

b=（$n\Sigma xy-\Sigma x\Sigma y$）/[$n\Sigma x^2-(\Sigma x)^2$]

求出a与b的值后，将影响因素d的值x代入公式y=a+bx，即可求得预测量y的值。

【例7-3】某公司生产电视机散热器，而电视机散热器的销售量主要取决于电视机的销售量。近5年该公司在全国的电视机销售量和电视机散热器销售量的相关数据见表7-3。

表7-3　某公司2015~2019年电视机及散热器销售情况

年份	2015	2016	2017	2018	2019
散热器（万台）	20	25	30	35	40
电视机（万台）	100	120	140	150	155

假设预计2020年电视机的销售量为145台，则预计电视机散热器销售量如下：

①设y=a+bx，其中y为电视机散热器销售量，x为电视机销售量，a为原有电视机对电视机散热器的年需求量，b为每一万台电视机对电视机散热器的需求量。

②根据资料编制计算表（表7-4）。

表7-4　某公司2015~2019年电视机及散热器销售情况相关计算

年份	电视机销售量x	散热器销售量y	xy	x^2
2015	100	20	2 000	10 000
2016	120	25	3 000	14 400
2017	140	30	4 200	19 600
2018	150	35	5 250	22 500
2019	155	40	6 200	24 025
n=5	∑x=665	∑y=150	∑xy=20 650	∑x^2=90 525

计算a和b的值：

b=（n∑xy-∑x∑y）÷[n∑x^2-（∑x)^2]

=（5×20 650−665×150）÷（5×90 525−665×665）

=3 500÷10 400=0.34

a=（Σy−bΣx）÷n=（150−0.34×665）÷5=−15.22

③计算2020年电视机散热器销售量

y=a+bx=−15.22+0.34×145=34.08（万台）

第三节　如何进行成本预测

一、成本预测的简述

1. 定义

成本预测指的是通过一定的方法，对经营过程中下一阶段将要发生的成本费用进行科学、合理地预判和估计。成本预测应该是科学、可靠的，且预测结果具有可修正性。如果能够对未来的成本变动趋势有所掌握，经营决策将更加科学，能够在很大程度上避免管理者决策的盲目性，促进企业长远发展。

2. 分类

（1）根据预测的期限分类，可以分为以下几类：

①长期预测。指时间跨度超过一年的预测。

②短期预测。指时间跨度未超过一年的预测，如月度、季度等。

（2）根据预测内容分类，可以分为以下几类：

①制订计划阶段进行的成本预测。

②计划实施阶段进行的成本预测。

3. 步骤

（1）围绕经营目标制定成本目标。

（2）暂时不考虑能够降低成本的手段或措施，结合市场情况，预判能够达到的成本水平，并找出与成本目标之间的差距。

（3）制定多种降低成本的方案，并预计这些方案实施后成本能够达到的水平。

（4）选取能够最大化降低成本的方案，并预估该方案实施后的成本水平，据此确定成本目标。

二、成本预测的定性分析法——高低点法

成本预测的高低点法就是从企业以往的成本数据中，选择业务量最大值和最小值，将其差为$\triangle x$，此时对应的成本之差为$\triangle y$，按照$y=a+bx$直线方程式（x代表业务量，y代表随业务量变化而变动的成本总额，a代表随之变动的成本中的固定部分，b代表随之变动的成本中按一定比例随业务量变动的部分，也就是单位变动成本），先求b的值，再代入原直线方程得出a的值，由此预估成本发展的趋势。

最高业务量与最低业务量之间，由于业务量而引发的成本变动差额，只能与变动成本有关，因而单位变动成本可按如下公式计算：

$$b=\triangle y/\triangle x$$

即：单位变动成本=（最高业务量成本−最低业务量成本）/（最高业务量−最低业务量）=高低点成本之差/高低点业务量之差

根据公式$y=a+bx$，用最高业务量或最低业务量有关数据代入，则：

$$a=最高（低）产量成本-b\times最高（低）产量$$

用高低点法分解半变动成本简便易算，只要有两个不同时期的业务量和成本，就可求解，使用较为广泛。但这种方法只根据最高、最低两点资料，不考虑两点之间业务量和成本的变化，计算结果往往不够精确。

【例7-4】某公司1~6月的产量和生产成本见表7-5，7月预计产量为690台，预测7月生产成本。

表7-5　某公司1~6月生产情况

月份	1	2	3	4	5	6
产量（台）	670	660	680	710	750	755
生产成本（元）	68 980	67 980	69 980	72 980	76 980	77 480

则该公司1~6月生产情况相关计算见表7-6。

表7-6　某公司1~6月生产情况相关计算

项目	产量x	生产成本y
最高	755	77 480
最低	660	67 980
△x和△y	95	9 500

b=△y/△x=9 500/95=100
a=最高（低）产量成本−b×最高（低）产量=67 980−100×660=1 980
7月预计生产成本=1 980+100×690=70 980（元）

三、定量分析法

1. 简单平均法

简单平均法是用企业既往经营中的成本数据之和除以个数，将得出的平均数作为决策的依据。这种方法认为各数据值出现的概率相同，适用于预测期较短，数据较小且无明显变化趋势的情况。

【例7-5】某公司是一家电视机生产企业，根据其过去5年的生产成本预测2021年度的生产成本，预计2021年的产量为130万台，相关资料见

表7-7。

表7-7 某公司2016~2020年生产成本

年份	2016	2017	2018	2019	2020
单位变动成本（元）	568	589	496	532	528
固定成本（元）	158 000	160 000	154 000	156 400	155 000

则2021年度的生产成本预测如下：

单位变动成本=（568+589+496+532+528）÷5=542.6（元）

固定成本=（158 000+160 000+154 000+156 400+155 000）÷5=156 680（元）

生产成本=1 300 000×542.6+156 680=705 536 680（元）

2. 指数平滑法

指数平滑法可以看作是一种平均法基础上的时间序列分析法，指数平滑值是本期实际数值与上一期平滑值的加权平均数，将计算得出的各期平滑值代入时间序列预测模型中加以分析，可以对未来的经营成本进行预测。

指数平滑法的基本公式是：$S_t = ay_{t-1} + (1-a)S_{t-1}$

S_t——时间t的平滑值；

y_t——时间t的实际值；

S_{t-1}——时间t-1的平滑值；

a——平滑常数，其取值范围为[0，1]；

【例7-6】某公司1~6月生产成本见表7-8，假设a=0.3，1月份的预测生产成本为122万元，求2~7月的预测成本。

表7-8 某公司1~6月生产成本

月份	1	2	3	4	5	6
生产成本（万元）	118	120	123	120	117	132

则2~7月的预测成本见表7-9。

表7-9 某公司2~7月的预测生产成本

月份	ayt-1	(1-a)St-1	St
1	—	—	122
2	0.3×118=35.4	(1−0.3)×122=85.4	120.8
3	0.3×120=36	(1−0.3)×120.8=84.56	120.56
4	0.3×123=36.9	(1−0.3)×120.56=84.39	121.29
5	0.3×120=36	(1−0.3)×121.29=84.9	120.9
6	0.3×117=35.1	(1−0.3)×120.9=84.63	119.73
7	0.3×132=39.6	(1−0.3)×119.73=83.81	123.41

四、成本预测的意义和局限

1. 成本预测的意义

（1）成本预测有助于企业制定成本管理计划，进行经营决策。

（2）成本预测有助于企业制定成本目标，降低成本。

（3）成本预测有助于企业通过控制成本提高效益，增强竞争力。

2. 成本预测的局限性

在现行的各种成本预测方法中，其依据大多是科学严谨的，能够通过数学方法发现并利用成本数据中的规律，预测结果较为可靠。但是，由于进行成本预测的数据都是从既往经营期间获得的历史数据，历史数据可能受到多种因素影响，预测的准确性无法完全保证，因此预测的局限性难以避免。

第四节 如何进行利润预测

一、利润预测的简述

1. 定义

利润预测是指对企业未来经营期间能够获得的利润的预测和估计，除生产成本外，还需要对未来一段时期的销售收入、销售成本、服务费用等其他能够影响利润的因素进行分析和判断。

2. 分类

根据企业利润的构成，利润预测应该包括的部分有营业利润、投资收益、营业外收入以及营业外支出等部分的预测。通常来讲，企业利润中占比重最大的为营业利润，故而营业利润是利润预测中的重点，对于其他部分可以尽可能采用简便的方法进行预测。

二、直接预测法

直接预测法是较为简单的一种方法，即通过构成利润的各部分的当期预测值，直接计算得出利润总额的预测值。

$$利润总额 = 营业利润 + 投资净收益 + 营业外收支净额$$

其中营业利润包括产品的销售利润和其他业务利润，应当分别预测，公式如下：

预计销售利润=预计销售收入-预计销售成本-预计税金
=预计销量×（预计单价-预计单位成本-预计单位税金）
预计其他利润=预计其他业务收入-预计其他业务成本-预计其他业务税金

【例7-7】某公司生产某种电视机，预计销售单价为2 200元，预计单位销售成本为900元，预计单位销售税金为440元，预计销售量为1 300台，预计其他业务收入20 000元、其他业务成本14 000元、其他业务税金4 000元。则：

预计销售利润=1 300×（2 200-900-440）=111.8（万元）
预计其他利润=20 000-14 000-4 000=0.2（万元）
预计营业利润=111.8+0.2=112（万元）

三、相关比率法

相关比率法是找出与利润有关的指标，如销售收入利润率、资金利润率等，通过各比率与利润之间的内在联系来求得预测期内的利润总额。

利润=预计销售收入×销售收入利润率
利润=预计平均资金占用额×资金利润率

四、因素测算法

因素测算法的依据为本量利分析法原理，在这种方法下要先选择一个基期作为利润预测的基础，将预测期内能够对利润水平产生影响的因素以及影响程度与基期的利润水平综合考虑，判断企业未来的利润总额。一般来讲，能够对企业利润造成影响的因素主要有产品的售量、售价、销售成本、产品结构以及税金等。

1. 预测产品销售量变动对利润的影响

如果其他因素保持不变，则利润总额会随着销量的增加而增加，随着销量的减少而减少。由于在对产品销量进行预估时，已经将因销量而调整的产量考虑在内，因此由于产品销量而导致的利润变动值可以通过预测期销售成本、本期的销售成本以及本期的成本利润率来推断，具体公式如下：

本期成本利润率＝（本期产品的销售利润额÷本期产品销售成本）×100%

因产品销售量变动而增减的利润额＝（预测下期产品销售成本－本期产品销售成本）×本期成本利润率

2. 预测产品品种结构变动对利润的影响

由于各个产品的利润率不同，因此产品结构的变化会对利润总额产生影响。在进行下一阶段的利润预测时，可以将当期各类产品的平均利润率作为预测依据。如果在预测期内，利润率不同的产品在销售中的占比发生变化，产品的平均利润率也会随之变化，进而影响利润总额。因此，应根据产品结构的变动来测算预测期内的平均利润率，并通过当期与下期的利润率差异测算由于产品结构变动带来的利润总额变化。其影响可按下列公式计算：

预测期平均利润率＝Σ（各产品本期利润率×该产品下期销售比重）

由于产品品种结构变动而增减的利润＝按本期成本计算的下期成本总额×（预测期平均利润率－本期平均利润率）

3. 预测产品成本降低对利润的影响

在产品价格保持不变的情况下,成本的降低会带来利润的增加。而成本降低带来的利润增加,可以通过产品的成本降低率来计算。其计算公式为:

由于成本降低增加的利润＝按本期成本计算的预测期成本总额×产品成本降低率

4. 预测产品价格变动对利润的影响

如果在预测期产品的销售价格比上期提高,则销售收入也会增多,从而使利润额增加;反之,如果产品的销售价格降低,也会导致利润额减少。销售价格提高或降低同样会使销售税金随之相应地增减,这一因素同样要予以考虑。其计算公式为:

由于销售价格变动而增减的利润＝预测期产品销售数量×变动前售价×价格变动率×(1−税率)

5. 预测产品销售税率变动对利润的影响

产品销售税率的变动能够直接对利润额产生影响,利润额会随着税率的提高而减少,随着税率的下降而增加。其计算公式为:

由于销售税率变动而增减的利润＝预测期产品销售收入×(1±价格变动率)×(原税率−变动后税率)

第五节　如何进行资金需要量预测

一、资金需要量预测的简述

1. 定义

资金需要量预测是企业对未来生产经营所需的资金总额进行的预测。企业在筹资前首先要对下一阶段经营活动所需的资金进行预估和判断，掌握预计需要的资金量，以此为依据制定融资计划。

2. 步骤

（1）销售预测。企业的经济业务大多是围绕销售展开的，因此可以将销售预测作为财务相关预测的起点，也就是说企业资金需要量的预测也应当在销售预测的基础上进行。

（2）估计需要的资产。一般情况下资产与销售量存在着某种函数关系，根据以往的经营数据可以分析得出，因此要对所需资产进行预测，只需知道预测的销量以及销量和资产的函数关系即可。

（3）估计销售收入、销售费用和留存收益。除销量外，销售额还与销售收入及销售费用存在函数关系，可以通过销售额的多少来预估销售收入与销售费用，由此得到净利润。有了净利润，再通过股利支付率就不难得出留存收益的值。

（4）估计追加的资金需要量，确定外部融资数额。得出预估的所需资金总量后，去除已有的资金来源和留存收益就可以得出应追加的资金需要量，在此基础上能够进一步确定需要从外部进行融资的数额。

3. **资金需要量预测的意义**

资金是企业得以存续和发展的命脉，维持正常的生产经营需要资金，对外进行投资和收购也需要资金，而企业需要的这些资金一部分是自身持有的，另一部分需要通过外部融资来获得。进行融资时，企业要寻找合适的出资方，并做出还本付息的详细计划与盈利模式说明，以此说服出资人进行投资。通常来讲，外部融资所需的时间周期较长，因此为了不影响企业的正常周转，应首先对经营所需的资金需要量进行预测，才能合理推进融资计划实施。

二、资金需要量预测的定性分析法

1. **德尔菲法**

本章前面介绍销售预测时提及过这一方法，德尔菲法在应用于财务预测时主要就是面向财务管理专家展开咨询，利用专业人士的经验和知识储备对企业的财务活动进行分析，便于对企业发展做出预判。

在利用德尔菲法预测资金需要量时通常分两步进行，第一步就是邀请熟悉本企业基本状况的专家进行座谈，根据经验对企业未来的发展进行分析，给出资金需要量的初步预测；第二步是与本地的同行业企业情况进行对比，通过问卷、信函等多种形式收集信息，得出对比结果，并在此基础上对第一步得出的初步预测进行修正，从而得出最终预测数据。

2. **市场调查法**

市场中的主体是交易双方的组织和个人，客体则是作为交易对象的商品和服务等。我国的市场种类较多，除通常意义上所说的销售生产资料等的商品市场外，还有资本市场、信息市场、劳动力市场等要素市场。市场调查的对象，则是各类市场中与财务相关的市场主体、客体及要素等。市场调查的主要方法为抽样统计，具体而言有随机抽样、分层抽样、整群抽样等方法，为了做出更准确的定性，还要利用问询法、观察法等加以辅助。

3. 相互影响预测方法

上面介绍的德尔菲法与市场调查法都是对某一事情的状态、发展趋势及概率进行的预测分析，无法说明事物之间的相互作用关系。相互影响预测法则可以弥补这一局限，这一方法主要研究各个事件由于相互产生影响而引起概率发生变化的情况，判断事情由于相互影响而在未来发生的可能性。

三、资金需要量预测的定量分析法

1. 因素分析法

因素分析法的原理是首先选定一个基础数据，通过对可以影响预测目标各因素的分析，对基础数据进行调整和预测。对于资金需要量预测而言，应以相关项目在基期年度的资金需要量平均值为基础，假定资金需要量随着销售的增长而增长，随着资金周转速度的增长而下降，根据预测的销售任务和资金周转速度对资金需要量进行修正和调整，得出预测结果。这种方法计算简便，容易理解，但预测结果的准确性一般，通常用于种类繁杂、资金需要量较小的项目。计算公式为：

资金需要量=（基期资金平均占用额－不合理资金占用额）×（1±预测期销售增减率）×（1±预测期资金周转速度变动率）

【例7-8】某公司上年度资金平均占用额为1 100万元，经分析，其中不合理资金为100万元，预计本年度销售增长6%，资金周转加速3%，确定本年度资金需要量。

预测年度资金需要量=（1 100-100）×（1+6%）×（1-3%）= 1 028.2（万元）

2. 销售百分比法

销售百分比法就是根据资产随着销售的增长而增长这一关系，对未来的资金需要量进行预测的一种方法。

（1）假设前提。销售百分比法需要有几条假设前提作为基础：首先，假设资产、负债、销售收入之间存在着较为稳定的百分比关系；其次，敏感资产也就是经营性资产，包括现金、存货、应收账款等项目；敏感负债也就是经营性负债，包括应付账款、应付票据等项目，不包括短期借款、长期负债等筹资性负债。

（2）外部融资需求量的计算公式

外部融资需求量=增加的资金需要量-增加的留存收益=增加的资产-增加的经营负债-增加的留存收益

增加的资产=增量收入×基期敏感资产占基期销售额的百分比+非敏感资产调整数=基期敏感资产×销售增长率+非敏感资产调整数

增加的经营负债=增量收入×基期敏感负债占基期销售额的百分比=基期敏感负债×销售增长率

【例7-9】某公司2020年12月31日的简要资产负债表见表7-10。假定该公司2020年销售额为5 000万元，销售净利率为20%，利润留存率35%。2021年销售额预计增长30%，公司有足够的生产能力，无须追加固定资产投资。

（1）确定企业增加的资金需要量；

（2）确定企业外部融资需求量。

表7-10 某公司2020年简要资产负债表

资产	金额（万元）	与销售关系%	负债与权益	金额（万元）	与销售关系%
现金	250	5	短期借款	1 250	N
应收账款	750	15	应付账款	500	10
存货	1 500	30	预提费用	250	5
固定资产	1 500	N	公司债券	500	N
			实收资本	1 000	N
			留存收益	500	N
合计	4 000	50	合计	4 000	15

增加的销售额=30%×5 000=1 500（万元）

增加的资金需要量=增加的资产−增加的经营负债

=50%×1 500−15%×1 500=525（万元）

外部融资需求量=增加的资金需要量−增加的留存收益

=525−6 500×20%×35%=70（万元）

3. 资金习性预测法

资金习性预测法，是指根据经营经验判断得出的资金习性来预测未来资金需要量的一种方法。

（1）按资金习性对资金进行分类，有以下三种：

①不变资金。相关范围内业务量的变化不会引起资金总额的变化，单位不变资金也不会随业务量的增加而降低。例如，为了企业正常运转而必须占用的资金最小值，车间设备等固定资产占用的资金，必要的产成品库存，必要的原材料储备，等等。

②变动资金。在一定范围内，单位变动资金不变，变动资金总额随着业务量的增加而同向变动。例如，生产产品必备的外购组件所占用的资金、最少保险储备量以外的库存、应收账款等。

③半变动资金。这部分资金介于不变与变动之间，需要通过固定的方

法对其进行分解来判断。

（2）资金习性预测法的适用公式如下。将业务量最高与最低两点的数据代入计算，总资金直线方程为：y=a+bx。

b=（最高业务量的资金占用−最低业务量的资金占用）÷（最高业务量−最低业务量）

a=最高业务量的资金占用−b×最高业务量，或a=最低业务量的资金占用−b×最低业务量

【例7-10】某公司历年现金占用与销售额之间的关系见表7-11，假设2021年的预计销售额为175万元，请预测2021年的资金需要量。

表7-11 某公司2016~2020年资金占用与销售额情况

年份	销售收入x（万元）	资金占用y（万元）
2016	100	10
2017	110	11
2018	120	12
2019	135	13
2020	140	15

根据所给材料，将最高点2020年数据与最低点2016年数据代入公式得：

b=（15−10）÷（140−100）=0.125，将b值代入2020年直线方程得：

a=15−0.125×140=−2.5

求得直线方程为y=0.125x−2.5

如果2021年的预计销售额为175万元，则将x=175代入方程：

2021年的资金需要量=0.125×175−2.5=19.375（万元）

第八章

预算管理

- 概述
- 预算编制
- 预算执行和考核

第一节　概述

一、预算管理的含义

作为一种系统的方法，预算用来规划和配置企业内部包括人力、财务及实物在内的各项资源，以期实现企业既定的战略目标。企业在预测现金流量与利润的基础上，可以通过预算来控制开支，有助于监督战略目标的实施。

预算管理是利用预算来与企业的管理控制流程紧密联系。20世纪20年代，预算管理在美国的通用电气公司、杜邦公司等知名企业产生，很快成为大型工商企业的标准业务流程。

最初，预算管理只具有计划、协调的功能，发展到现在还兼具了控制、评价功能。目前预算管理逐渐成为一种贯彻企业经营战略的综合管理工具，是绩效评价的重要组成部分。

根据我国财政部发布的《管理会计应用指引第200号——预算管理》，预算管理是指企业以战略目标为导向，通过对未来一定期间内的经营活动和相应的财务结果进行全面预测和筹划，科学、合理配置企业各项财务和非财务资源，并对执行过程进行监督和分析，对执行结果进行评价和反馈，指导经营活动的改善和调整，进而推动实现企业战略目标的管理活动。可以看出，现在的预算管理作为综合性预算体系，是全面预算管理的含义。

因此，全面预算管理是在战略的指导下，以企业综合性预算体系的各项内容为对象所展开的各项管理工作以及相应的管理制度与规章流程。具体来说，是在企业战略规划下，细化为企业未来某一特定期间的经营计划和目标，在对销售进行预测的基础上，对成本、生产以及现金收支情况进一步预测，以期按照计划在生产周期内组织调配生产及经营活动。预算管理以货币为主要计量单位，通过编制各类预算报表，如预计损益表、预计现金流量表、预计资产负债表等，揭示企业资源配置情况的总体计划和数字说明。

二、预算管理的内容

根据《管理会计应用指引第200号——预算管理》，预算管理的内容主要包括经营预算、专门决策预算和财务预算。

经营预算（也称业务预算），是指与企业日常业务直接相关的一系列预算，包括销售预算、生产预算、采购预算、费用预算、人力资源预算等。专门决策预算，是指企业重大的或不经常发生的、需要根据特定决策编制的预算，包括投融资决策预算等。财务预算，是指与企业资金收支、财务状况或经营成果等有关的预算，包括资金预算、预计资产负债表、预计利润表等。

预算管理的逻辑流程包括预算编制、预算执行（又可分为预算控制和预算调整）、预算考核等环节。图8-1厘清了预算管理工作目标和流程，呈现出系统化、动态化、制度化的管理内容。

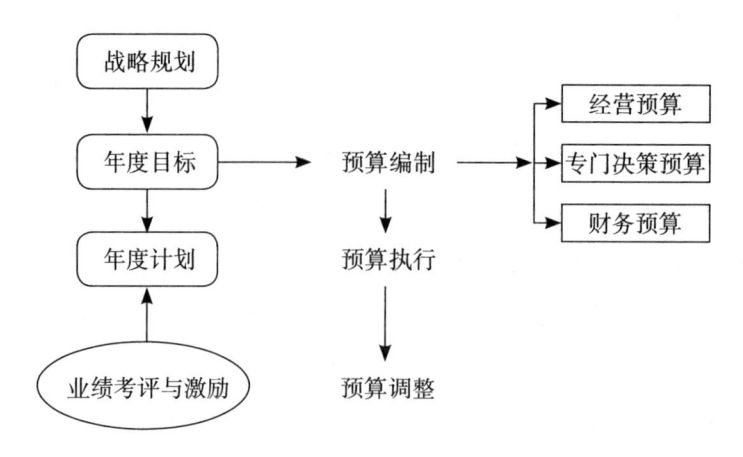

图8-1 预算管理的逻辑流程

根据图8-1，要完成预算的编制工作，需要明确企业的战略规划、年度目标和年度计划。有了具体的计划，之后进一步分配相应的资源，编制对应的预算。经营预算、专门决策预算和财务预算按照一定的逻辑和编制流程，共同构成完整的全面预算体系。

第二节　预算编制

一、预算编制的方法

预算编制的方法，根据业务量是否可变，分为固定预算和弹性预算；根据编制的基础，分为增量预算和零基预算等；根据预算期的时间不同，分为定期预算和滚动预算。传统预算编制方法往往采用固定预算、增量预算及定期预算。固定预算属于静态的预算，是在一定的期间内，以某一特定的业务量为基础进行编制的；增量预算是以上一期间的实际情况为基础，根据当期的或有变化，调整后形成的预算；定期预算则是指按照某一固定的预算期限编制的预算。

关于传统预算的编制方法，本书重点阐述固定预算的编制。一般情况下，对不随业务量变化的固定成本，多采用固定预算法进行编制。一些业务量水平较为稳定的企业或非营利组织在编制预算时也可采用固定预算法。

【例8-1】A公司因为销售量较为稳定，按固定预算法编制销售预算，预计2022年销售产品1万件，单位售价为100元，产品单位变动成本80元，固定成本总额18万元。则该公司的销售预算编制见表8-1。

表8-1 销售预算表

单位：元

项目	固定预算
销售收入	1 000 000
单价	100
单位变动成本	80
单位贡献毛益	20
贡献毛益	200 000
固定成本	180 000
销售利润	20 000

显然，传统预算编制方法具有简便易行的优点，但当实际业务量和预算中的预计业务量差异较大时，预算指标和预算结果会失去可比性，不利于预算控制和考核。

【例8-2】（接【例8-1】）。假设执行期间，实价销售产品1.2万件，追加固定成本3万元。A公司在其他条件不变的情况下，编制表8-2所示的销售预算分析表。

表8-2 销售预算分析表

单位：元

项目	固定预算	实际金额	差异额
销售收入	1 000 000	1 200 000	+200 000
单价	100	100	
单位变动成本	80	80	
单位贡献毛益	20	20	
贡献毛益	200 000	240 000	+40 000
固定成本	180 000	210 000	+30 000
销售利润	20 000	30 000	+10 000

第八章 预算管理

通过【例8-2】可以看出，不同时期下的同一企业或同一时期下的不同企业因具体情况不同，应在固定预算的基础上，考虑将弹性预算、零基预算、滚动预算等多种方法进行组合制定预算。

二、弹性预算

根据《管理会计应用指引第203号——弹性预算》，弹性预算是指企业在分析业务量与预算项目之间数量依存关系的基础上，分别确定不同业务量及相对应的预算项目所耗资源，进而形成企业整体预算的预算编制方法。业务量，是指企业销售量、产量等与预算项目相关的弹性变量。弹性预算适用于市场、产能等存在较大不确定性的企业。弹性预算方法正是针对固定预算的不足而设计的，主要优点有：考虑了预算期可能发生的不同业务量水平，更贴近企业经营管理实际情况，从而扩展了预算管理的适用范围。弹性预算的主要缺点：一是编制工作量大；二是企业很难对市场及其变动趋势做出准确预测，对预算项目与业务量之间依存关系的判断还受数据积累、分析深度等制约，这些因素都会影响弹性预算的合理性。

弹性预算是将作业整体按照一定业务量分出间隔，测算出各段所需金额并分别填入预算表格中。业务量划分的标准不仅可以是销量、产量，也可以是工时、耗材或工资等。业务量的划定，通常可划定为正常业务量的70%~110%，或结合以往生产实际，取历史最低和最高值分别作为下限与上限。

【例8-3】A公司销售产品的单位售价为20元；产品单位变动成本11.7元，其中直接材料费8元、直接人工费3元、变动性制造费用0.5元、变动性销售与管理费用0.2元；固定成本总额120 000元，其中固定性制造费用90 000元、固定性销售与管理费用30 000元。业务量选择销售量，预计销售量为20 000件~24 000件。编制成本、利润弹性预算见表8-3。

表8-3　A公司成本与利润弹性预算表

预计销售量（件）	20 000	22 000	24 000
预计销售收入（元）	400 000	440 000	480 000
减：变动成本（元）	234 000	257 400	280 800
其中：直接材料	160 000	176 000	192 000
直接人工	60 000	66 000	72 000
变动性制造费用	10 000	11 000	12 000
变动性销售与管理费用	4 000	4 400	4 800
贡献毛益（元）	166 000	182 600	199 200
减：固定成本（元）	120 000	120 000	120 000
其中：固定性制造费用（元）	90 000	90 000	90 000
固定性销售与管理费用（元）	30 000	30 000	30 000
销售利润（元）	46 000	62 600	79 200

三、零基预算

根据《管理会计应用指引第202号——零基预算》，零基预算是指企业不考虑历史期经济活动及其预算，以零为起点，一切从实际需要和可能出发，分析预算期经济活动的合理性，进而在综合平衡的基础上形成企业整体预算的预算编制方法。零基预算编制方法是相对于传统预算中的增量预算的不足而设计的，主要优点为：一是以零为起点编制预算，剔除历史期经济活动中的不合理因素，科学分析预算期经济活动的合理性，预算编制更贴近预算期企业经济活动需要；二是强调全员参与，有利于达成预算期企业运营方面的共识，提高企业管理水平。零基预算的主要缺点为：一是预算编制工作量较大、成本较高；二是预算编制的准确性受企业管理水平和相关数据准确性影响较大。零基预算采用的是一种较典型的上下结合式预算编制程序。首先确定企业编制预算的总体目标，然后由预算的管理部门对各部门提出的费用项目进行必要性分析，划分不可避免项目和可避免项目，对不可避免项目，必须保证资金供应，对可避免项目进行"成本—效益分析"。之后，为各项目分配可支配资金，最后审查预算表。这种方法倡导的是更有效地利用资源。为此，各种间接费用预算，尤其是职能部门的酌量性费用预算，应尽可能采用零基预算的方法编制。

【例8-4】A公司用零基预算方法编制2022年预算。销售与管理部门的费用预算总额为240万元，部门预测为300万元（见表8-4）。广告费与培训费的成本效益情况：广告费支出1万元可获得60万元收益，培训费支出1万元可获得40万元收益。

表8-4　A公司销售与管理部门费用预测表

项目	金额（万元）
销售人员工资	100
广告费	80
差旅费	40
办公费	20
保险费	20
培训费	10
销售佣金	30
合计	300

编制销售与管理部门零基预算见表8-5。

经分析，广告费80万元和培训费10万元属于可避免的酌量性费用，在上述预测值中除广告费和培训费外，其他费用不可避免，则不可避免费用为300-80-10=210万元。销售与管理部门的费用预算总额为240万元，则预算中可避免项目金额为240-210=30万元。将这部分资金在广告费与培训费之间进行"成本—效益分析",分配后即可得出项目预算。

广告费预算额=30×[60÷(40+60)]=18(万元)

培训费预算额=30×[40÷(40+60)]=12(万元)

表8-5 A公司销售与管理部门零基预算表

项目	金额(万元)
销售人员工资	100
广告费	18
差旅费	40
办公费	20
保险费	20
培训费	12
销售佣金	30
合计	240

四、滚动预算

根据《管理会计应用指引第201号——滚动预算》,滚动预算是指企业根据上一期预算执行情况和新的预测结果,按既定的预算编制周期和滚动频率,对原有的预算方案进行调整和补充,逐期滚动,持续推进的预算编制方法。滚动预算的主要优点是:通过持续滚动地进行预算编制和逐期滚动管理,实现动态反映市场,建立跨期综合平衡,从而有效指导企业营运,强化预算的决策与控制职能。滚动预算的主要缺点是:一是预算滚动的频率越高,对预算沟通的要求越高,预算编制的工作量越大;二是如果滚动频率过高,容易增加管理层的不稳定感,导致预算执行者无所适从。滚动预算是依据企业的生产经营活动连续进行的,滚动预算作为企业生产

第八章 预算管理

经营活动的控制依据,其滚动频率通常为月、季度或年度。

【例8-5】A公司按季度编制滚动预算。2021年第一季度和第二季度产品的销售单价为每吨1万元,第一季度和第二季度的销售量分别为2 000吨、2 400吨;第三季度起单价为每吨1.1万元,第三季度和第四季度的销售量分别为2 200吨、2 600吨;预计2022年第一季度的销售量为2 800吨。编制收入滚动预算见表8-6和表8-7。

表8-6　A公司收入滚动预算表(第一期)

项目	2021年			
	第一季度	第二季度	第三季度	第四季度
销售数量(吨)	2 000	2 400	2 200	2 600
销售单价(万元/吨)	1.00	1.00	1.10	1.10
销售收入(万元)	2 000.00	2 400.00	2 420.00	2 860.00

表8-7　A公司收入滚动预算表(第二期)

项目	2021年			2022年
	第二季度	第三季度	第四季度	第一季度
销售数量(吨)	2 400	2 200	2 600	2 800
销售单价(万元/吨)	1.00	1.10	1.10	1.10
销售收入(万元)	2 400.00	2 420.00	2 860.00	3 080.00

第三节 预算执行和考核

一、预算执行

1. 组织设置

企业是一个较为复杂的运行系统,企业活动是指企业系统地组织生产产品或提供服务的过程。要保证企业活动有序进行,必须建立责任系统,即划分责任单位,建立责任中心,明确各责任中心的职责与权利,并对各责任中心进行考核。企业应按责、权、利相匹配的原则将预算目标层层分解至各预算责任中心,这样才可能做到公平合理。划分责任中心使得预算管理的效率得以提升,进而促进企业目标的实现。

预算编制完成后,应按照既有的企业章程规定报批,获批后正式开始执行。通常来讲,预算执行包括预算控制、预算调整等程序。

2. 预算控制

根据《管理会计应用指引第200号——预算管理》,预算控制是指企业以预算为标准,通过预算分解、过程监督、差异分析等,使日常经营不偏离预算标准的管理活动。

企业一般定期对预算的实际执行结果与当初的预算计划以及上年同期数据等作追踪比较,掌握本期已经完成的实际情况,预计全年将完成的情况。如果实际执行情况与全年预计或预算有偏差,要审查出现偏差的理由是否合理,评估影响程度,向管理层提供对运行计划执行情况和财务运行

第八章　预算管理

情况的分析，估算这些变化对未来计划的影响并召集有关部门制定相应的对策。

企业应重视预算过程控制，对各岗位制定出相应的职责和权限，明确各事务的处理程序，建立起完整的管控系统。全过程和全范围的控制不仅可以堵住有可能出现的漏洞，而且一旦出现失误或差错，也能及时地发现和纠正，这就为预算执行过程控制建立了保障体系。

3. 预算调整

根据《管理会计应用指引第200号——预算管理》，年度预算经批准后，原则上不作调整。企业应在制度中严格明确预算调整的条件、主体、权限和程序等事宜，只有当内外战略环境发生重大变化或突发重大事件，导致预算编制的基本假设发生重大变化时，才可进行预算调整。

执行预算时，如果发现出现了预算偏差，应及时对形成偏差的原因进行排查和分析，明确是属于客观原因（如背景条件的变化）造成的，还是主观原因（如不能严格执行原有预算）导致的。如果属于客观原因，则应按照后续的程序调整预算；若属于主观原因，则不得进行预算调整。

预算调整申请应由预算执行单位向预算管理决策机构提出书面申请。预算调整申请报告应详细说明预算调整的理由、初步建议方案等。

预算管理决策机构在接到预算单位要求进行预算调整的申请后，应当进入预算调整审议程序。

预算管理决策机构根据预算调整事项的不同性质，或依据权限批准预算调整事项，或报请上级批准预算调整事项，并下发预算单位执行。

预算调整必须有一定的程序和流程，并有相应的配套制度，以保证预算调整程序和流程得到严格的执行。预算调整的范围、预算调整的程序和流程、预算调整的权限构成了预算调整的三大要素，企业必须严格加以规范。

二、预算考核

根据《管理会计应用指引第200号——预算管理》，预算考核主要针对定量指标进行考核，是企业绩效考核的重要组成部分。以下是预算考核的程序。

1. 收集相关信息资料

准确、齐备的预算执行资料，是科学地进行预算考核的基础和条件。在进行预算考核前，要先收集考核所需的相关资料，包括各种财务和非财务数据指标。

2. 比较与确定预算差异

预算考核的目的之一是消除不利差异或扩大有利差异，确保预算目标的实现。比较与确定预算差异是预算考核的一项重要工作。通过比较预算执行情况与预算目标，确定差异并查明产生差异的原因，以便采取相应的措施消除不利差异，发展有利差异，提高企业的经济效益。

3. 明确相关经济责任

预算考核围绕预算的达成情况进行，根据执行情况来评价责任中心的工作业绩，并与相应的激励制度挂钩，促进其与预算目标相一致。

从逻辑流程来讲，公司战略可以说是全面预算管理的起始，而全面预算作为一种有效的管理工具，在战略与绩效的衔接中发挥着承上启下的作用，下一章将展开阐述有关绩效评价方面的内容。

第九章

绩效评价会计

- 传统的绩效评价——责任会计
- 综合的绩效评价
- 综合绩效评价方法的具体应用及评价

第一节 传统的绩效评价——责任会计

一、责任会计的概念

责任会计作为一种制度，就是将企业内部划分的责任中心作为会计主体，明确其在经济活动中应负的经济责任，该主体同时负责记录、考核、业绩评价等会计工作。

如果企业的分工及责任单位明确，实行责任会计制度能够起到合理控制成本、评判绩效等作用。实施责任会计制度必须要合理划分责任中心，实现责任主体的唯一性，通过细化责任的方式推动控制预算、考评工作等的实施。因此，责任会计的核心内容就是对责任中心的绩效评价。责任会计正是通过对各责任中心进行评价，并相应给予奖惩，来激励它们完成责任预算。对责任中心的绩效进行客观、公正评价的关键，在于绩效评价指标的科学性、实用性和可操作性。企业管理人员必须从本企业的具体情况出发，设计出科学、合理、实用的评价指标体系。

二、责任中心的划分

责任中心是企业内部的责任单位，在拥有权利的同时，也承担相应的经济责任，在常规的绩效评价体系中，责任中心主要有三种，分别负责成本、利润、投资三方面。

第九章 绩效评价会计

1. 成本中心

成本中心范围较广，因为其负责的是成本费用部分，所以凡是发生成本或费用的地方，都能够建立成本中心。成本中心有标准成本中心和费用中心两种类型。标准成本中心必须是所生产的产品稳定而明确，并且已经知道单位产品所需的投入量的责任中心。如果单位产品无法通过财务指标衡量，或是投入与产出不明确，则适合建立费用中心。成本中心不负责收益的衡量，只进行相关成本的统筹。

2. 利润中心

利润中心在成本的基础上，对企业的利润负责，在经营决策方面拥有一定的自主权。利润中心负责企业的主营业务，其主要任务是管控成本与费用，使收入实现最大化。利润中心根据职权的不同又可以划分为自然利润中心与人为利润中心，自然利润中心的职权范围较广，几乎贯穿于整个生产销售环节；人为利润中心的职权范围有一定限制，主要负责产品生产技术方案、生产数量及种类等相关问题。

3. 投资中心

投资中心除了要考虑成本和利润外，还要对企业投资活动的收益负责，换言之，投资中心可以称得上是责任中心中的最高层，拥有最大的独立决策权。投资中心的职能涵盖利润中心，还具有利润中心没有的职能。它拥有的自主权除涉及生产与销售外，还包括与生产相关的投资，投资中心有权管控除管理费用外的所有成本及收入。

三、责任会计制度下绩效评价指标的建立

在责任会计制度下，企业内部会分为多个责任中心，每个责任中心的指标都应有所侧重，制定指标时应考虑侧重点，并且要容易计算，能够科学准确地评价绩效。

1. 成本中心绩效评价指标

大多数企业对成本中心绩效的评价指标都集中在实际责任成本与预算责任成本的差异上,因为实际与预算的差异说明了该成本中心成本节约或超支的程度。只有少数企业选择用实际成本额直接作为评价依据,但只判断实际成本是否超过或低于预算而不考虑差异额的大小及其差异程度,不利于明确各部门在预算完成中的作用和责任,也不利于公平奖惩。因此,在成本中心的绩效评价中,既要考量实际成本与预算成本的差额,又要考虑成本变动额与变动率。

2. 利润中心绩效评价指标

对利润中心进行绩效评价的指标主要是利润。大多数企业对利润中心的评价指标采用的是内部利润而不是市场利润,这是因为并不是所有层级的利润中心都有对外销售业务,大部分利润中心借助内部转移价格计算内部利润。在对利润中心的业绩进行评价时,较为常用的有四种指标,分别为边际贡献、可控边际贡献、部门边际贡献和税前部门利润,这四种指标的公式分别为:

$$边际贡献=销售收入-变动成本总额$$
$$可控边际贡献=边际贡献-可控固定成本$$
$$部门边际贡献=可控边际贡献-不可控固定成本$$
$$税前部门利润=部门边际贡献-企业管理费用$$

3. 投资中心绩效评价指标

投资中心绩效评价指标主要考虑投资收益、现金流等情况,通常可建立投资报酬率、剩余收益、现金回收率、剩余现金流量等指标,各指标的计算公式分别为:

投资报酬率=年利润或年平均利润/投资额×100%

投资报酬率=销售利润率×资产周转率

或：

剩余收益=利润−投资额（或净资产占用额）×规定或预期的最低投资收益率或息税前利润−总资产占用额×规定或预期的总资产息税前利润率

现金回收率=营业现金净流量÷营业总资产

剩余现金流量=营业现金净流量−投资总额×资本成本率

第二节 综合的绩效评价

绩效评价方法是管理者度量绩效的工具。责任会计制度下传统的绩效评价具有一定的局限性,往往只能针对工作结果进行定量评价,但工作过程往往难以定量,传统的绩效评价无法应用于工作过程,因此在此基础上衍生了更多的综合评价方法,本章节围绕《管理会计应用指引》对综合绩效评价方法进行阐述。

一、关键绩效指标法概述

在《管理会计应用指引》中,关键绩效指标法是指基于企业战略目标,通过建立关键绩效指标(Key Performance Indicator,简称KPI)体系,将价值创造活动与战略规划目标有效联系,并据此进行绩效管理的方法。关键绩效指标是通过对企业的目标、关键领域的绩效等进行分析判断,进而提炼出能够对绩效产生较大影响,从而推动企业创造价值的指标。在实际操作中,这一方法既可以独立使用,也可以与其他绩效评价方法配合使用,应用对象除企业外,也可以是某一部门或所属员工。

根据《管理会计应用指引第601号——关键绩效指标法》,企业应用关键绩效指标法应综合考虑绩效评价期间宏观经济政策、外部市场环境、内部管理需要等因素构建指标体系,企业应有明确的战略目标。企业在选择关键绩效指标体系时应以战略以及价值创造逻辑为首要依据,只有明确

第九章 绩效评价会计

了目标与路径，才能选择出最为适用的关键绩效指标。

企业在应用关键绩效指标法时，一般围绕着制订计划与实施计划展开。在制定具体的绩效评价计划时，企业通常按《管理会计应用指引第600号——绩效管理》第十条所规定的管理活动制定绩效计划，包括构建指标体系、分配指标权重、确定绩效目标值、选择计分方法和评价周期、拟定绩效责任书等。

二、经济增加值法概述

经济增加值法绩效评价体系是以经济增加值为基础建立的，这种方法重点关注企业创造的价值，并以此展开绩效管理。所谓经济增加值，就是在企业净利润的基础上去除投入资本后的剩余收益。经济增加值是用来评价投入资本在创造价值方面所发挥效用的重要指标，若经济增加值为正，则说明经营者利用投入的资本创造了价值；若经济增加值为负，则说明投入的资本未能用于为企业创造价值。经济增加值法通常与其他绩效评价方法结合使用，适用于企业、下属单位以及高级管理人员等。

根据《管理会计应用指引第602号——经济增加值法》，企业应用经济增加值法，应明确以价值创造为中心的战略目标，建立以经济增加值为核心的价值管理体系；企业应综合考虑宏观环境、行业特点和企业的实际情况，通过价值创造模式的识别，确定关键价值驱动因素；企业应建立健全会计核算体系，确保会计数据真实可靠、内容完整，并及时获取与经济增加值计算相关的会计数据；企业应加强融资管理，及时获取债务资本成本、股权资本成本等相关信息，合理确定资本成本；企业应加强投资管理，把能否增加价值作为新增投资项目决策的主要评判标准，以保持持续的价值创造能力。

企业应用经济增加值法时，应围绕经济增加值指标制定并实施各类计划，制定计划时遵循的原则与运用关键绩效指标法时相同。

159

三、平衡计分卡的概述

平衡计分卡就是将企业的战略目标分解，分层面进行绩效管理，通常可分解为四个层面，分别是财务、客户、内部业务流程、学习与成长。平衡记分卡在应用中一般与其他战略工具相结合，应用对象可以为企业、下属单位及员工，通常适用于战略目标明确、管理水平较高的企业。

根据《管理会计应用指引第603号——平衡计分卡》，企业应用平衡计分卡这种工具和方法时，应有明确的愿景和战略。平衡计分卡应以战略目标为核心，全面描述、衡量和管理战略目标，将战略目标转化为可操作的行动。企业应对组织结构和职能进行梳理，消除不同组织职能间的壁垒，实现良好的组织协同；企业应注重员工学习成长与能力的提升，以更好地实现平衡计分卡的财务、客户、内部业务流程的目标，使战略目标贯彻到每一名员工的日常工作中；企业需建立由各领域专家组成的团队，为平衡计分卡的实施提供保障机制，为平衡计分卡的实施提供信息支持。

企业在应用平衡计分卡时，要围绕平衡记分卡相关指标，按照制定战略地图、制定绩效计划、实施激励、绩效评价、形成管理报告的程序实施。

第三节 综合绩效评价方法的具体应用及评价

通过第二节的阐述，我们对各种综合的绩效评价方法已经有了初步的了解，对于关键绩效指标法、经济增加值法以及平衡计分卡的概念，以及各自的应用环境和应用程序都有了一定了解，本节将结合《管理会计应用指引》，深入探讨各种绩效评价方法具体的应用过程，并对各种绩效评价方法的优缺点进行总结。

一、综合绩效评价方法的具体应用

1. 关键绩效指标法的具体应用

构建关键绩效指标体系是运用关键绩效指标法进行绩效评价的核心。企业构建关键绩效指标体系时，一般按照以下程序进行：

（1）制定企业级关键绩效指标。企业应结合内外环境的实际情况，基于价值创造导向的战略目标，分析确定企业层面的绩效指标。

（2）制定部门级关键绩效指标。在企业级关键绩效指标的基础上，结合各部门的具体工作流程，分层次制定部门级关键绩效指标。

（3）制定岗位级关键绩效指标。在部门级关键绩效指标的基础上，结合不同岗位的工作性质与价值设定岗位级关键绩效指标。

根据《管理会计应用指引第601号——关键绩效指标法》，在设定具体的绩效指标时应考虑结果类和动因类两方面的指标。结果类指标是能够体现企业绩效的价值指标，主要包括投资回报率、净资产收益率、经济增加值、息税前利润、自由现金流等综合指标；动因类指标是能够反映企业价值关键驱动因素的指标，主要包括资本性支出、单位生产成本、产量、销量、客户满意度、员工满意度等。在数量方面，每层级的关键绩效指标一般少于10个，而面对大量的绩效评价指标时，如何选择又是一个需要解决的问题。

在选取关键绩效指标时，较为常见的方法有关键成果领域分析法、组织功能分解法以及工作流程分解法。关键成果领域分析法，是在企业创造价值方式的基础上进行的，根据企业的关键业务范畴来筛选出关键要素，进而决定绩效指标；组织功能分解法，是在对各组织功能进行定位的基础上展开的，按照各部门的具体职责决定绩效指标；工作流程分解法，首先要对流程中的各环节进行分解，将分解后的战略目标与工作流程相对应，按照关键环节确定绩效指标。

而指标体系构建完成后则涉及分配指标权重。进行权重分配时，应以被评价对象所贡献的价值为基础，反映出战略目标导向性。进行权重设置时，除特别重要的指标外，多数控制在5%~30%，某些对于企业至关重要的指标如果未完成，则可以判定整体绩效不达标。

分配指标权重后，则需要确定指标的目标值。根据《管理会计应用指引第601号——关键绩效指标法》，目标值的确定一般可参考以下内容：

（1）依据国家有关部门或权威机构发布的行业标准，或参考竞争对手的有关标准；

（2）参照企业内部标准，包括企业战略目标、年度生产经营计划目标、年度预算目标、历年指标水平等；

（3）不能按前两项方法确定的，可根据企业历史经验值确定。

虽然有了明确的目标值作为参考，但企业在经营过程中难免会受到内外环境变化的影响，当企业经营因不可抗力受到重大影响时，应当对前期确定的目标值进行调整。通常来讲，目标值的调整应当由绩效评价的主体或对象预估后提出申请，再由相应的管理机构结合实际情况进行审批。

后续绩效评价计分方法的选择、责任书的签订、激励计划的制定与执行、编制报告等均可参照《管理会计应用指引第600号——绩效管理》，在此不再赘述。

2. 经济增加值法的具体应用

运用经济增加值法进行绩效评价的核心依然是构建指标体系。根据《管理会计应用指引第602号——经济增加值法》，经济增加值的指标体系一般按以下程序进行构建：

（1）制定企业级经济增加值指标体系。首先应结合行业竞争优势、组织结构、业务特点、会计政策等情况，确定企业级经济增加值指标的计算公式、调整项目、资本成本等，并围绕经济增加值的关键驱动因素，制定企业的经济增加值指标体系。

（2）在企业级指标体系的基础上，结合所属单位（部门）所处行业、业务特点、资产规模等因素，在充分沟通的基础上，设定所属单位（部门）级经济增加值指标体系。

（3）制定高级管理人员的经济增加值指标体系。根据企业级、所属单位（部门）级经济增加值指标体系，结合高级管理人员的岗位职责，制定高级管理人员的经济增加值指标体系。

经济增加值法中最重要的当属经济增加值的计算，经济增加值的计算公式为：

$$经济增加值 = 税后净营业利润 - 平均资本占用 \times 加权平均资本成本$$

公式中，税后净营业利润指的是在会计净利润基础上进行了利息支出等调整后的税后利润值；平均资本占用包含债务资本和股权资本两种，主要是所有者为了支持企业经营而投入的资本。

根据《管理会计应用指引第602号——经济增加值法》要求，在计算经济增加值的过程中还要进行以下的会计调整：

（1）研究开发费、大型广告费等一次性支出但收益期较长的费用，应予以资本化处理，不计入当期费用。

（2）反映付息债务成本的利息支出，不作为期间费用扣除，计算税后净营业利润时扣除所得税影响后予以加回。

（3）营业外收入、营业外支出具有偶发性，将当期发生的营业外收支从税后净营业利润中扣除。

（4）将当期减值损失扣除所得税影响后予以加回，并在计算资本占用时相应调整资产减值准备发生额。

（5）递延税金不反映实际支付的税款情况，将递延所得税资产及递延所得税负债变动影响的企业所得税从税后净营业利润中扣除，相应调整资本占用。

（6）其他非经常性损益调整项目，如股权转让收益等。

在明确了企业级加权平均资本成本后，还应充分考虑行业整体以及不同部门特点，确定各所属部门的资本成本，在计算时为了简化过程，通常使所属部门的加权平均资本成本与企业的处于相同水平。

在构建以经济增加值为基础的绩效评价体系中，需要对经济增加值赋予更高的权重。在确定经济增加值的目标值时，应结合基准值和期望的改善值确定，企业在制定目标值时要充分考虑企业自身的规模、所处的发展阶段以及行业整体特点等因素。经济增加值的基准值部分可以用上年的数据作为参考，通过上一年度实际完成值、与目标值的差距、近几年平均值等数值进行分析预测。期望的经济增加改善值则可以根据企业未来的战略目标、本年度的生产计划以及企业的价值追求等因素综合确定。

至于绩效评价计分方法和周期的选择、绩效责任书的签订，可参照

《管理会计应用指引第600号——绩效管理》进行。

经济增加值法对应的激励计划可以根据形式的不同分为几类，激励的形式主要有薪酬激励、能力拓展激励以及其他激励几种形式，但不论何种激励形式，都是以促进经济增加值的改善作为基础的。

薪酬激励通常包括奖金、股票等形式，根据经济增加值目标的实现情况兑现相应的奖励；能力拓展激励通常表现为对员工开展能力提升方面的培训，包含知识、技能等；其他激励通常包含为员工提供优质的工作环境、晋升渠道、奖惩并行等。

制定绩效计划和激励计划后，执行、实施及编制报告时，可参照《管理会计应用指引第600号——绩效管理》。

3. 平衡计分卡的具体应用

企业如果想利用平衡记分卡进行绩效评价，则需遵循一定的程序进行。首先，要明确自身的战略与目标，明确创造价值的途径，形成直观形象的战略地图。在地图中，每个战略主题最多可包含两个相关目标，主题要反映创造价值的关键业务流程。

完成战略地图后，下一步就是要按照平衡记分卡来编制绩效计划，明确开展绩效工作的行动方案。计划的制定通常从企业层面开始，然后到部门，最后到员工，层层下移，具体工作主要包括选取指标构建体系、确定权重、拟定目标值、规定评价周期及计算方法等一系列管理行为。

在构建平衡记分卡的指标体系时，应当从财务、客户、内部业务流程和学习与成长四个方面构建，选出相应的评价指标。平衡记分卡指标体系的构建一般按照先制定企业级，接着制定部门级，最后制定岗位级的顺序进行。在选择指标时，要围绕战略地图选取，使每个战略目标至少有一个对应指标，且各个层级行动均与整体战略目标保持一致。

在构建平衡记分卡的指标体系时，要同时兼顾短期目标与长期目标、财务指标与非财务指标。一般来讲，四个维度中每一个维度的指标个数为

4~7个，总量通常在25个以内。

在构建平衡记分卡的指标体系时，应将财务维度作为核心，其余三个维度通过指标与核心维度相连接，通过整理核心目标的实现路径来找出每个维度的关键指标。作为核心的财务维度用财务指标使战略目标的成果有形化，经常用来作为财务指标的有：投资资本回报率、净资产收益率、经济增加值、息税前利润、自由现金流、资产负债率、总资产周转率等。客户维度主要用来描述目标客户群体的价值选择倾向，能代表这一维度的指标主要有市场份额、客户满意度、客户获得率、客户保持率、客户获利率、战略客户数量等。内部业务流程维度主要用于确定能够对整体目标产生较大影响的业务流程，能表示这一维度的指标主要有交货及时率、生产负荷率、产品合格率、存货周转率、单位生产成本等。学习和成长维度用来衡量对战略而言最重要的无形资产，能表示这一维度的指标主要有员工保持率、员工生产率、培训计划完成率、员工满意度等。不同的企业可以根据自己的实际经营情况，选择常用的指标建立指标库，不同层级可以根据自身定位不同构建自己的指标体系。

在目标值方面，通常以3~5年为一个周期设定目标值。根据战略地图形成的因果关系，首先确定战略主题内的目标值，再根据各战略目标与评价指标的对应关系来确定各评价指标的目标值。选定目标值后，签订绩效责任书、制定激励计划等一系列后续工作均可参照《管理会计应用指引第600号——绩效管理》进行。

制订绩效计划后，企业还需制订行动方案，以实现短期计划与长期目标的统一。行动方案的制订主要包括以下步骤：根据不同战略主题制订行动方案，并排序选出最优方案；为战略行动方案做出预算，提供战略的资金支持；落实战略执行责任制，确定各阶段的执行责任方，定期回顾执行进程和效果。

在整个绩效计划的制订与执行过程中，有一个贯穿始终的原则就是纵向一致、横向协调。在推进计划的过程中要注意与整体战略目标保持一致，同时还要注意协同作用，在整体流程中注意管控，及时发现问题并优化计划。

二、综合绩效评价方法的评价

1. 关键绩效指标法的评价

关键绩效指标法有以下优点：首先，这种方法下的业绩评价与企业经营目标息息相关，有利于战略的推进；其次，这种方法重视创造价值的模式，能够准确识别关键因素，促进企业价值增加；最后，这一方法所需的评价指标数量相对较少，便于操作、落实与推广。

当然，这一评价方法也有一定的缺点，要想选取关键绩效指标就需要准确把握企业的战略目标和创造价值的模式，这样才能够准确找出关键的业务流程与价值驱动因素，如果无法准确识别，则会导致指标体系设计不当，容易陷入导向有误、管理无效的误区。

2. 经济增加值法的评价

对于经济增加值法而言，它的主要优点在于：考虑的资本成本较为全面，能够真实地体现出企业创造价值的能力；有助于激励企业员工为企业创造价值，使企业利益与经营者、员工的利益统一；注重长期价值创造，防止企业陷入盲目扩大规模、盲目追求利润增长的误区。

这一评价方法的缺点主要有：对企业创造价值能力的预判期较短，难以评价企业的长期战略情况；局限于财务指标，难以形成对整体运营效果的综合分析；由于所分析的企业行业各异，发展程度与规模大小也各不相同，因此在进行会计项目调整和资本加权平均计算时较为复杂，可比性较弱。

3. 平衡计分卡的评价

平衡计分卡的主要优点有：评价时将战略目标进行了分解，使得被评价主体的绩效指标及行动同战略目标保持一致；从四个维度确定绩效指标，使评价更为全面；与其他评价方法相比，平衡记分卡关注学习和成长维度，有助于促进员工的进步与成长，重视信息、组织成本等无形资产的运用，有利于提高企业的可持续发展能力。

作为评价方法，平衡记分卡也有相应缺点：首先，这一方法的工作量大，对专业技术有一定要求，操作难度较高，在实施过程中需要不断沟通调整，整个评价过程相对复杂，成本也高；其次，在各层级之间分配指标权重比较困难，没有统一标准，一些非财务指标无法量化；最后，这一方法涉及面广，系统性较强，不仅需要专家的指导，还需要全员参与，整体修正完善的周期也较长，需要更为完善的信息系统和更强的管理能力。

第十章

企业管理会计报告

- 企业管理会计报告的定义和目标
- 战略层管理会计报告
- 经营层管理会计报告
- 业务层管理会计报告

第一节　企业管理会计报告的定义和目标

一、企业管理会计报告的定义

1. 概念

企业管理会计报告实质上就是帮助企业的经营管理者进行决策的一种报告，它将会计、统计以及数学方法相结合，全面分析经营管理中的财务数据和非财务数据，并预测有可能在未来发生的经营活动。

2. 特点

（1）在报告的服务对象方面，传统的财务会计报告偏重于向企业外部的利益相关者提供财务情况信息，而管理会计报告所服务的主要对象是企业内部的利益相关者，通过向管理者提供有利于企业进一步发展的相关建议，帮助其进行经营决策。

（2）在报告的形式方面，企业管理会计报告并没有财务会计报告那种统一的标准格式，而是围绕企业自身存在的问题，以解决企业经营管理中存在的弊端为出发点，编制形式更为灵活多样，有企业特色。

（3）在报告的内容方面，企业管理会计报告不仅包含财务信息和非财务信息，还包含内部信息和外部信息、问题分析以及经营管理意见等。

（4）在报告的数据分析方面，企业管理会计报告会通过运用管理会计的各种工具来计算，对企业在生产活动、产品价格的制定、对外投资等方面进行分析。

第十章 企业管理会计报告

二、企业管理会计报告目标及编制原则

1. 企业管理会计报告的目标

（1）达成战略目标。近几年，许多企业开始对企业的预算活动实施全过程预算管理，其目的在于通过采取全面、系统的预算管理方法，将企业的资源进行整合配置，使其效用最大化，从而为企业带来更多价值。在这种全流程预算管理体系下，企业管理会计报告所体现的战略目标不再只是企业高层的目标，而是将目标细化、融入企业的每一级管理层，将责任落实到每一位员工，实现企业从上到下齐心协力、步伐一致的局面，为实现战略总目标提供坚实的保障。

（2）提高工作效率。在企业管理会计的范畴内想要提高企业内部管理的效率，"业财融合"必然是不可忽视的一部分。所谓业财融合，就是把业务和财务的工作进行融合，不再以部门为单位对工作进行绝对划分，而是打破部门壁垒，让企业的各个部门、各个岗位都沟通协作起来，以团队的模式拉近各部门间的距离，最大化发挥每个部门对于业务的辅助作用，进一步拉高企业的整体运营效益，提高内部的管理效率。

（3）辅助企业管理者的经营和决策。企业管理会计报告的编制可以为企业的经营管理者提供改进管理的新思路，有助于管理者更加准确地了解企业实际情况，让各个层级的管理者了解诸如平衡计分卡、约束理论等管理会计工具，认识到管理会计在经营决策中能够发挥的积极作用。

2. 企业管理会计报告的编制原则

企业管理会计报告作为一种内部报告，虽然本身在格式规范上没有定规，但在编制过程中也需要遵循以下原则：

（1）相关性原则。由于企业自身内部的经营管理者才是企业管理会计报告的服务对象，因此报告中反映的应当是与企业实际经营情况相关的内容，这样才能帮助企业的各级管理者做出正确判断。

（2）准确性原则。企业管理会计报告既要关注财务信息，又要考虑非财务信息，并对这些信息进行综合分析，分析的结果必须能够真实准确地反映企业的实际情况。

（3）及时性原则。对于当今发展迅速、瞬息万变的社会环境而言，市场机遇虽层出不穷但也稍纵即逝，因此，要想为企业的经营管理者提供精准的建议，就要保证企业管理会计报告分析时所依据的信息与分析结果具有及时性，否则就会为企业提供过时的信息，失去参考意义。

（4）明晰性原则。由于企业管理会计报告的使用者并非都是具有财务背景的专业人员，因此管理会计报告中所提供的各种财务、非财务以及综合分析都应该保证清晰明了、容易理解，并具有较强的实用性。

3. 企业管理会计报告的类型

企业管理会计报告的分类依据有多种，既可以按照使用报告的管理者所处的层级划分，也可以按照企业管理会计报告的功能及内容划分，还可以按照该报告的主体或责任方划分。总之，不同的企业实际需求不同，划分方式自然也不同。

在财政部发布的《管理会计应用指引第801号——企业管理会计报告》中，指出企业应按照战略、经营和业务这三个层次去建立自己的管理会计报告体系。本书按照指引要求，根据报告使用者所处层级，将企业管理会计报告划分为战略层管理会计报告、经营层管理会计报告和业务层管理会计报告这三个部分，并逐一进行讲解。

第二节 战略层管理会计报告

一、什么是战略层管理会计报告

战略层管理会计报告是具有战略意义的对内分析报告，其目的是满足战略层进行战略规划、战略决策、战略控制、战略评价以及其他各方面的管理活动的需要。报告的使用者主要是企业的战略层，例如公司的股东大会、董事会以及监事会等。

二、战略层管理会计报告的分类以及内容

战略层管理会计报告按照分析重点的不同，又可以细分为战略管理报告、综合业绩情况报告、价值创造报告、经营情况分析报告等。根据公司的实际情况，这些报告将经过编排整合后再提交给使用者。

1. 战略管理报告

战略管理报告中一般包含以下内容：内部与外部环境的分析、战略的选择和战略目标的制定、战略目标的执行情况以及战略的最终实施结果。

2. 综合业绩情况报告

综合业绩情况报告中首先需明确能够对业绩产生关键影响的指标，针对预算的制定与执行情况进行分析，尤其应重点关注预算与执行情况之间的差异。

3. 价值创造报告

价值创造报告中通常需涵盖以下内容：价值创造的目标、能够对价值驱动产生影响的财务因素和非财务因素、内部各责任中心的资源使用情况以及由此创造的价值和贡献情况，以及其他有助于提升公司价值的有效措施等。

4. 经营情况分析报告

经营情况分析报告要对过去的经营中管理者所做决策的执行情况进行复盘，判断实际效果与目标是否存在差异、存在多大差异以及存在差异的原因。同时还要分析能够对企业未来经营情况产生影响的内部和外部因素，并预判企业在下一个会计期间的经营目标和方向，以及管理者应采取哪些措施来促进企业发展。经营情况分析报告有以下几类：

（1）风险分析报告。风险分析报告中一般应该对企业既往风险管理情况进行总结，并对目前所面临的内外风险环境加以分析，建立健全企业风险识别与评估机制，并不断完善企业风险管理计划。

（2）重大事项报告。重大事项主要指的是企业投资的重大项目，通常涉及对于企业十分重要的资本运作、融资、数额较大或对企业影响较大的担保事项，以及重要的关联交易等。重大事项报告主要是对这一类事件所做出的说明及分析。

（3）例外事项报告。例外事项主要指的是企业管理层内部发生人员变动、股权产生变更、企业内部出现安全事故，或企业遭受了自然灾害等偶发性事件。例外事项报告主要是对这类事件所做出的说明及分析。

总之，战略层管理会计报告中应包含可以帮助战略层管理者进行判断和决策的信息，使战略层管理者对企业整体与细节上的经营情况都能够准确掌握。报告中不仅要对企业财务情况、业绩表现等方面做出概括性简述，还应对企业当前所处的内部和外部环境进行分析。在内容和格式上要注意简短精练，尤其在最后的总结分析中要侧重于分析其主要结果和原因，同时为企业今后的发展给出合理意见并制定规划。

第三节　经营层管理会计报告

一、什么是经营层管理会计报告

经营层管理会计报告是通过提供专业分析，帮助经营管理层在经营活动中改进决策的报告，其中，经营活动主要包括经营规划、经营决策、经营控制和经营评价等。

二、经营层管理会计报告的分类和内容

经营层管理会计报告按照分析重点的不同，又可以细分为全面预算管理报告、投资分析报告、项目可行性报告、融资分析报告、盈利分析报告、资金管理报告、成本管理报告、绩效评价报告等。

1. 全面预算管理报告

全面预算管理报告，顾名思义，首先要对企业未来的经营制定预算标准，制定标准后再对其进行分解，从而细化到每个部门的相关业务。有了预算后，就要在报告中体现各部门对于下达的预算指标的执行情况，判断是否与预算存在出入，如果出入大，就需对其原因进行分析，最后还要依据各部门对预算的执行情况做一个总体的评价。

2. 投资分析报告

投资分析报告需要清楚地列明企业的投资对象以及投资规模和数额。由于大部分企业投资结构都不是单一的，因此在报告中还应该包括企业投

第十章 企业管理会计报告

资结构的组成。除了上述对于投资的客观情况的反映，投资分析报告中还需要对投资进程情况进行说明，以及当前和未来投资为企业带来的收益。投资在带来收益的同时自然也会带来相应的风险，所以在报告中也要对投资风险进行说明与分析。最后，报告中要为经营管理层提供合理的投资建议，帮助企业进行良性的投资活动从而为企业带来收益。

3. 项目可行性报告

项目可行性报告中通常包括以下几部分内容：企业预计经营项目的大致情况；针对不同的项目分别进行对应的市场分析和预测；对该项目具体要经营什么产品，怎么生产，在哪里生产等详细信息进行介绍；对该项目的财务情况进行分析；交代项目自身存在哪些风险，并分析如何有效规避这些风险；综合各方面，对整个项目的可行性进行综合分析，并针对这个项目提供建设性意见。

4. 融资分析报告

融资分析报告除了要体现融资量外，还需要针对企业可选择的融资渠道以及融资方式分别进行分析，并计算相应的资本成本，从而帮助企业经营层做更好的选择。此外，报告中还应体现融资程序以及融资过程中可能承担的风险，给出可降低风险的措施，从而帮助经营层全面了解融资情况。

5. 盈利分析报告

盈利分析报告涉及的内容较多，主要包括企业的盈利目标及实现情况、利润的构成、利润的变动趋势、影响利润的因素及影响程度等。由于利润等于收入减成本，因此在报告中分析企业利润情况时，需要同时考虑成本与收入情况。盈利分析报告中，分析的对象可以根据企业实际情况有所不同，既可以对企业的整体盈利情况进行分析，也可以对某一项目或某一部门单独进行分析，还可以针对不同产品或销售区域分别进行分析，使分析结果更有针对性。

6. 资金管理报告

资金管理报告需要说明企业制定的资金管理目标、完成情况、与目标产生差异的大小和原因等。在这类报告中，对于那些使用频率较高、资金流动量较大的会计科目，比如库存现金、银行存款、应收账款、存货等需要重点说明，要列明这些资金的流动情况以及管理情况。此外，资金管理报告还应具有前瞻性，不仅要分析当下，还要预测未来，排除隐患，为企业的经营保驾护航。

7. 成本管理报告

成本管理报告需要将生产经营中的实际成本与预算进行对比，如果出入较大，则需进一步分析原因。例如，若实际成本较大，应分析是在生产环节产生了过多的浪费或损耗，还是在销售阶段发生了过多费用从而增加了产品整体的成本等。或者从预算角度看，是否在制定预算时没有考虑到原料价格上涨、人工成本提高等原因，从而导致预算偏低而未能贴合实际情况。在找到原因之后，成本管理报告还需要为企业提供解决问题的方法，发挥管理会计的作用。

8. 绩效评价报告

绩效评价报告要列明企业既往的业绩目标和绩效评价标准，尤其要重视关键绩效指标的说明，因为合理的绩效指标可以大大提高企业的运营效率和员工的工作积极性，促进企业快速、良好发展，如果绩效指标不合理，或在大多数员工的眼中有失公平，则会起到负面作用。绩效评价报告不仅要对现有的绩效管理情况加以说明，还要做出进一步评价，评价绩效目标的合理程度与完成情况。评价绩效目标的合理程度可以促进绩效评价更加合理公正，而评价绩效目标完成情况则有助于各部门、各员工看到差距并找出改进方向，从而实现绩效管理的目标，不断推动企业发展。

经营层管理会计报告是为了满足企业经营层进行各类管理活动的需

要，因此在报告中可附上有利于经营层全面深入了解企业情况的报表，如预算执行情况分析报表、盈利情况分析报表等。同时，在报告内容的布局方面需要多加注意，既要抓住重点，把握企业中各项工作的主次，又要顾全大局，不能顾此失彼。

第四节　业务层管理会计报告

一、什么是业务层管理会计报告

业务层管理会计报告是为企业的日常业务活动提供相关信息的一种对内的报告，目的是帮助企业的各个业务部门更好地开展自己的日常工作。报告的使用者是企业各个部分的运营者，既包括企业的业务部门以及职能部门，也包括从事生产活动的车间、班组等。

二、业务层管理会计报告的分类及内容

业务层管理会计报告通常按照企业内部各个部门的主要职能或工作目标来进行分类，主要分为以下几种报告类型：研发部门业务报告、采购部门业务报告、生产部门业务报告、物流部门业务报告、销售部门业务报告、人力资源管理业务报告等。

1. 研发部门业务报告

研发部门业务报告中，首先应介绍企业当前研发的项目和主要研发的内容，同时要告知报告使用者研发所依据的技术方案是什么；其次，要写明研发进度情况，说明当前的研发工作进行到了什么程度；最后，要列示该产品的研发总预算有多少，现在用了多少，还剩多少等情况。

2. 采购部门业务报告

采购部门业务报告主要包含以下内容：采购的预算额度、采购业务开展过程中的实际情况、采购支出与预算之间的差额、采购进度等,并分析采购情况,对于采购过程中的不合理环节提出建议,从而促进企业采购业务更好地开展。在报告中,要重点关注购入的各类产品的质量的优劣、数量是否过多或者不足、价格是否合理以及到货时间能否满足生产需求等。

3. 生产部门业务报告

生产部门业务报告主要反映生产活动的开展情况,判断企业当前的生产水平是否能够达到行业平均标准,如果不能,需要找出差距并分析原因,提出整改意见。在生产部门业务报告中应重点分析企业的生产成本情况、产量情况、生产技术情况、产品质量情况以及生产周期等。通过横向、纵向对比分析,提出能够改进企业生产的相关建议,帮助企业降低生产成本,缩短生产周期,提高产品质量。

4. 物流部门业务报告

物流部门业务报告需重点分析以下几部分:当前物流业务的及时性——在市场上是否具备一定的竞争力;物流业务的精确性——每一批产品是否都能准确无误地送到客户手中;物流业务的成本情况——企业自己承担配送和外包配送相比,哪种方案更有利于控制成本、缩减开支。

5. 销售部门业务报告

销售部门业务报告主要负责对企业的销售业务整体流程进行分析,发现流程中的问题,并提出优化解决方案。在整体销售思路上,还应判断企业开展销售业务时所遵循的是数量原则还是质量原则,也就是说对于企业而言,是薄利多销带来的收益好,还是定价高但销售量较低的方案收益更好。

6. 人力资源管理业务报告

人力资源管理业务报告主要反映人力资源管理部门制定的制度是否健全合理,能否使每位员工都能从事自己擅长的工作,发挥自身才能。需要重点分析绩效考核制度的客观公平性,因为绩效考核制度是企业各项制度中最能够调动员工积极性、激发企业活力的部分。

除上述各类报告外，一些能够反映企业各业务部门工作情况的报表、清单等也应附在业务层管理会计报告中，使业务部门的管理者能够对各项业务有更加直观全面的了解。业务层管理会计报告在内容和格式方面没有什么特别的要求，主要是注意确保内容真实准确，对报告使用者关注的重点问题要进行详细和深入的分析。

第十一章

Excel在管理会计中的应用

- 货币时间价值的计算
- 敏感性分析
- 财务预测
- 全面预算的编制

第一节 货币时间价值的计算

依照货币时间价值的相关原理，在一定的利率水平下，数额相等的资金在不同时节点具有不同的经济价值，数额不相等的资金在不同时间节点又可能具有相同的经济价值。因此，我们在进行财务投资方面的决策分析时，对于跨期较大的收入或支出，应将其置于相同的时间背景下进行比较。在实际操作中，通过Excel可以简便快捷地计算出资金在不同时间背景下的价值，本章节将讲解利用Excel计算货币时间价值的实操方法。

一、现值计算

在Excel中计算现值的函数是PV，在它的运算元素中，rate代表利率，nper代表期数，pmt代表各期应当支付的金额，fv代表未来值，type代表一个逻辑值，用来表示付款时间为期初或期末。

1. 计算复利现值

假设某企业计划在10年后得到一笔5 000 000元的资金，年投资报酬率为8%，那么现在应该一次性投入多少资金？

在Excel的编辑栏中输入"=PV（8%,10,0,-5000000）"，点击回车键，结果显示为"¥2, 315, 967.44"，如图11-1所示。即为了在10年后得到5 000 000元，现在需要一次性投入2 315 967.44元。

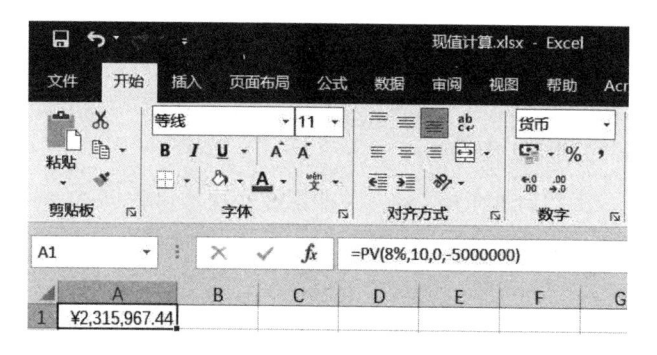

图11-1 计算复利现值

2. 计算普通年金现值

购买一只成本为100 000元的基金,该基金能够在之后的20年内每月月末回报700元。若要求最低的年收益率为9%,该项基金是否符合预期?

在Excel的编辑栏中输入"=PV(9%/12,12*20,-700)",点击回车键,结果显示为"¥77,801.47",如图11-2所示。可见,实际购买成本要100 000元,远大于计算结果77 801.47元,所以投资该基金是不符合预期的。

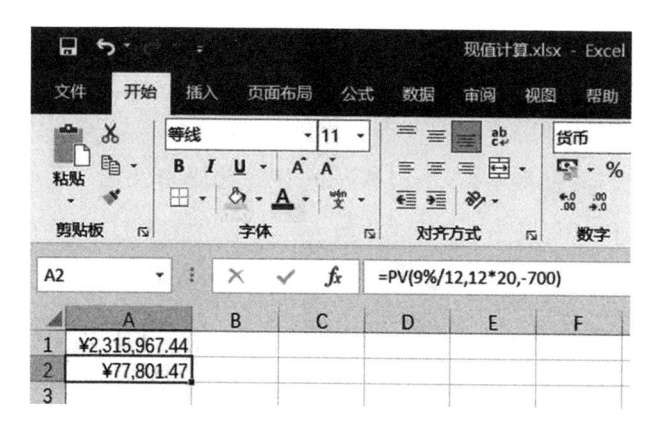

图11-2 计算普通年金现值

3. 计算预付年金现值

公司有一台10年期分期付款购买的机械设备,每年年初需支付

200 000元，若当地银行的年化利率为5%，现在一次性支付多少钱等于该设备分期付款的总额？

在Excel的编辑栏中输入"=PV（5%,10,-200000,0,1）"，点击回车键，结果显示为"¥1,621,564.34"，即现在一次性付款1 621 564.34元相当于该设备10年期分期付款的总额，如图11-3所示。

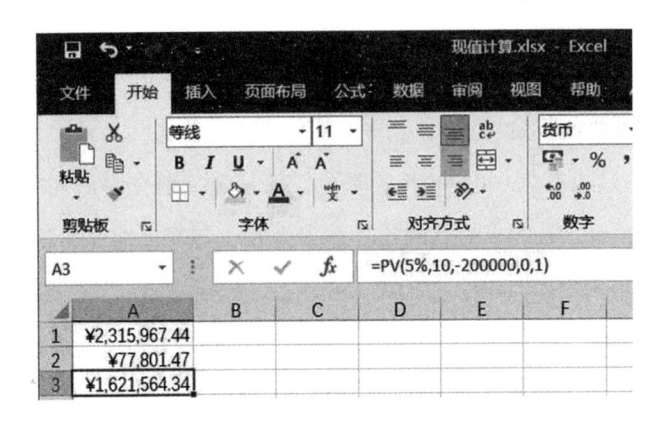

图11-3 计算预付年金现值

二、净现值计算

在Excel中，NPV是计算净现值的函数，在它的运算元素中，rate为一段时间内的固定贴现率，value1和value2代表收入和支出，表现形式为现金流。函数NPV可以用来计算未来收入、支出的总现值以及净现金流的总现值。

1. 计算分期付（收）款的总现值

某公司2016年12月1日从其他公司购买了一台机械设备，该机械设备的总价为8 000 000元，款项分4年付清。2017年12月31日支付3 000 000元，2018年12月31日支付3 000 000元，2019年12月31日支付1 000 000元，2020年12月31日支付1 000 000元。若这4年内银行的年化利率为7%，计算该机械设备总价的现值。

在Excel的编辑栏中输入"=NPV（7%,3000000,3000000,1000000,1000000）"，点击回车键，结果显示为"¥7,003,247.59"，如图11-4所示。该结果表明机械设备总价的现值为7 003 247.59元。

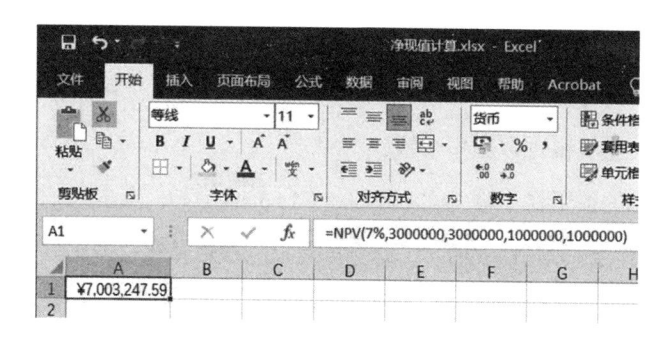

图11-4　计算分期付（收）款的总现值

2. 计算投资项目的净现值

假设某公司一项目的初始投资为300 000元，从第一年起到第四年的收益分别为150 000元、90 000元、80 000元、84 000元，若贴现率为13%，计算该公司这一投资项目的净现值。

在Excel的编辑栏中输入"=NPV（13%,150000,90000,80000,84000）-300000"，点击回车键，结果显示为"¥10,189.35"，如图11-5所示，所以该公司这一投资项目的净现值为10 189.35元。

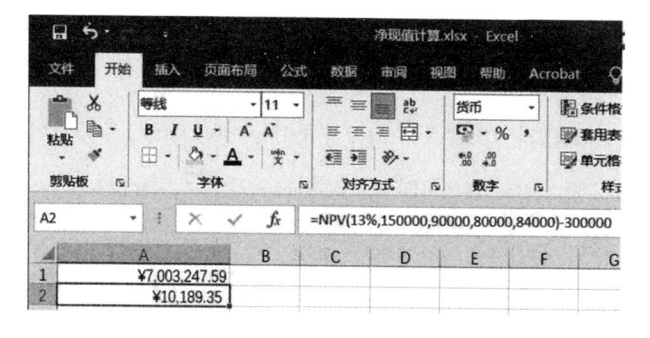

图11-5　计算投资项目的净现值

三、终值计算

在Excel中，终值的计算函数是FV，其运算元素主要包含rate、nper、pmt、pv和type，各元素所代表的含义均与现值计算中的相同。

1. 计算单利终值及利息

在银行中存入50 000元，存期3年，银行3年期单利利率为3.5%，到期后可以一次性从银行取出多少钱？

在Excel的编辑栏中输入"=50000*（1+3.5%）"，点击回车键，结果显示为"51750"，如图11-6所示，即到期可以一次性从银行取出51 750元。

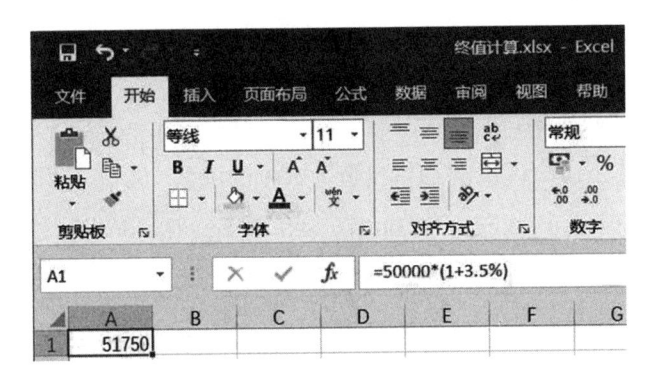

图11-6 计算单利终值及利息

2. 计算复利终值及利息

从银行贷款5 000 000元，贷款年利率为9%，期限为6年，到期本息一次还清。6年后应偿还本息共计多少钱？

在Excel的编辑栏中输入"=FV（9%,6,-5000000）"，点击回车键，结果显示为"¥8,385,500.55"，如图11-7所示，所以6年后一共偿还本息共计8 385 500.55元。

第十一章　Excel在管理会计中的应用

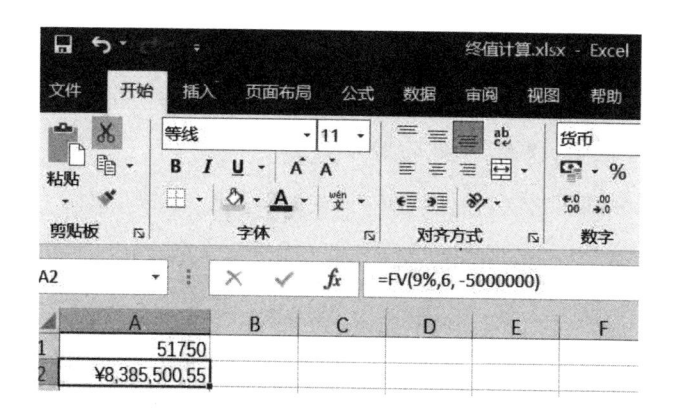

图11-7　计算复利终值及利息

3. 计算普通年金终值

某企业计划每月月末在银行账户中存入10 000元，月利息为0.388%，5年以后该账户有多少余额？

在Excel的编辑栏中输入"=FV（0.388%,60,-10000）"，点击回车键，结果显示为"¥674,125.28"，如图11-8所示，所以该账户5年后的余额为674 125.28元。

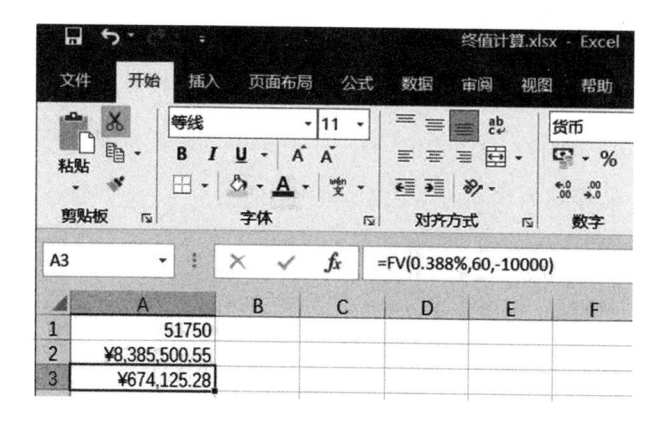

图11-8　计算普通年金终值

4. 计算预付年金终值

某企业计划每月月初在银行账户中存入10 000元，银行月利息为0.388%，5年以后该账户有多少余额？

在Excel的编辑栏中输入"=FV（0.388%,60,-10000,0,1）"，点击回车键，结果为"¥676,740.89"，如图11-9所示，所以该账户5年后的余额为676 740.89元。

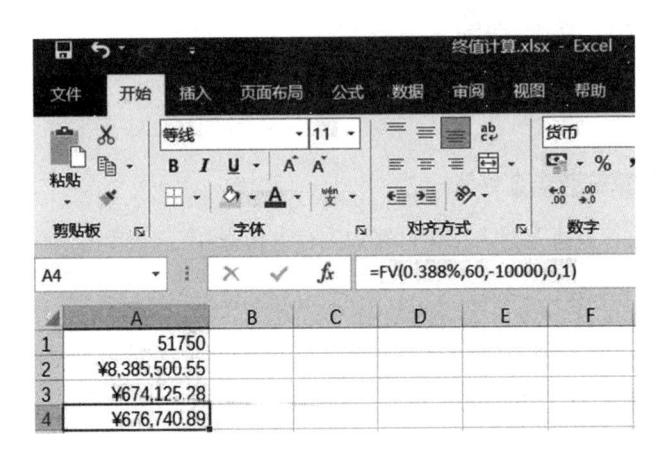

图11-9 计算预付年金终值

四、贴现率计算

在Excel中，贴现率的计算函数是RATE，该函数包含的运算元素主要有nper、pmt、pv、fv、type、guess，其中guess是预测利率，当预测利率未说明时则应假设其为10%。

1. 测算报酬率

现有10 000元，如果想在5年后得到20 000元，那么可选择的投资项目的预期回报率最低应是多少？

在Excel的编辑栏中输入"=RATE（5,10000,-20000）"，点击回车键，结果显示为41%，如图11-10所示，所以选择投资项目的预期回报率最低应为41%。

第十一章　Excel在管理会计中的应用

图11-10　测算报酬率

2. 测算利率

某企业向银行贷款50 000元,并在接下来的6年内,每年年末向银行还款10 000元,请计算该笔贷款的利率。

在Excel的编辑栏中输入"=RATE(6,10000,-50000)",点击回车键,结果显示为5%,如图11-11所示,则利率为5%。

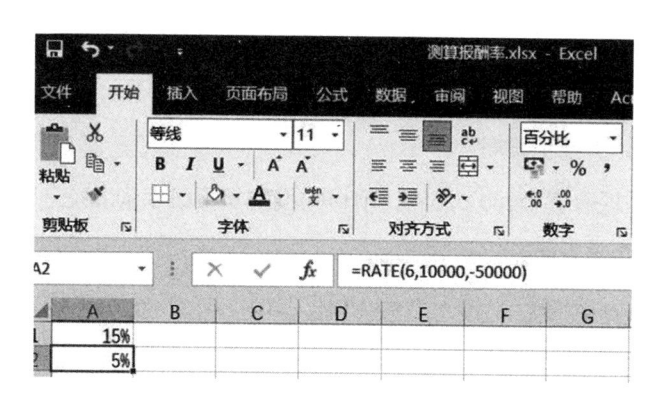

图11-11　测算利率

3. 计算分期收款的折现率

某公司采用分期收款的方式出售一台设备,从销售当年年末开始,每年收款1 000 000元,共收8年,合计8 000 000元。如果销售当天付款则只需要支付6 000 000元，那么，折现率是多少？

在Excel的编辑栏中输入"=RATE（8,1000000,-6000000）"，点击回车键，结果显示为7%，如图11-12所示，则折现率为7%。

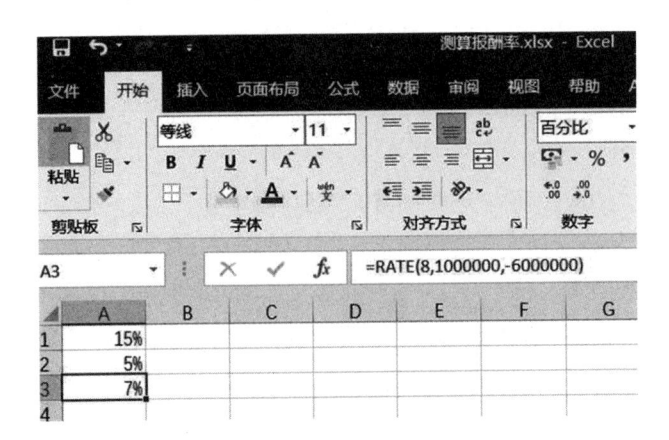

图11-12　计算分期收款的折现率

五、期数计算

在Excel中，用来计算期数的函数是NPER，这一函数包含的元素有rate、pmt、pv、fv和type，各元素的含义与前文所述相同。

1. 计算资金积累期

某公司现有资金200 000元，项目的投资年报酬率为20%，几年后能使资金增加到500 000元？

在Excel的编辑栏中输入"=NPER（20%，0，200000，-500000）"，点击回车键，结果显示为"5.025685"，如图11-13所示，所以6年后可以增加到500 000元。

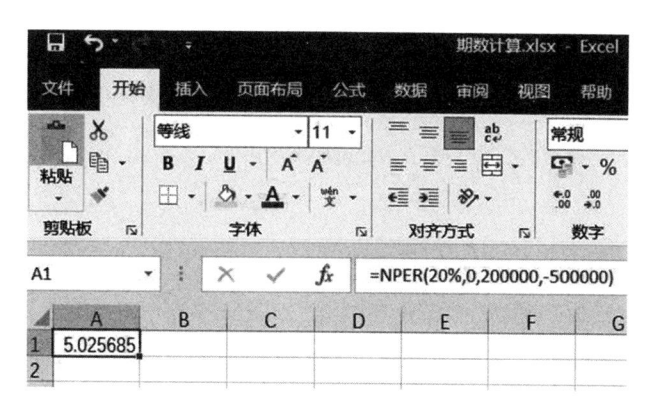

第十一章 Excel在管理会计中的应用

图11-13 计算资金积累期

2. 计算对比方案的设备使用年限

某公司想购买一台汽油车或电动车。已知电动车每月比汽油车节省燃料费1 800元，但电动车的价格比汽油车的价格高出20 000元。若资金的年报酬率为15%，资金每年周转12次以上。那么电动车至少要使用多少年才更划算？

在Excel的编辑栏中输入"=NPER（15%/12,1800,-20000）"，点击回车键，结果显示为"12.03715"，如图11-14所示。所以电动车至少要使用13年才更划算。

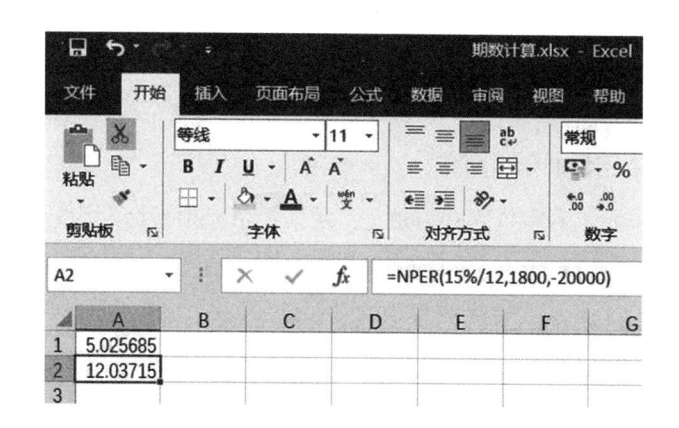

图11-14 计算对比方案的设备使用年限

3. 计算还款期

某公司贷款购买一间写字间，缴纳首付后贷款500 000元，若贷款的年利率为6%，每月向银行归还贷款4 000元，那么需要多久能够还清贷款？

在Excel的编辑栏中输入"=NPER（6%/12,4000,-500000）/12"，点击回车键，结果显示为"16.38799"，如图11-15所示，所以大概需要17年能够还清贷款。

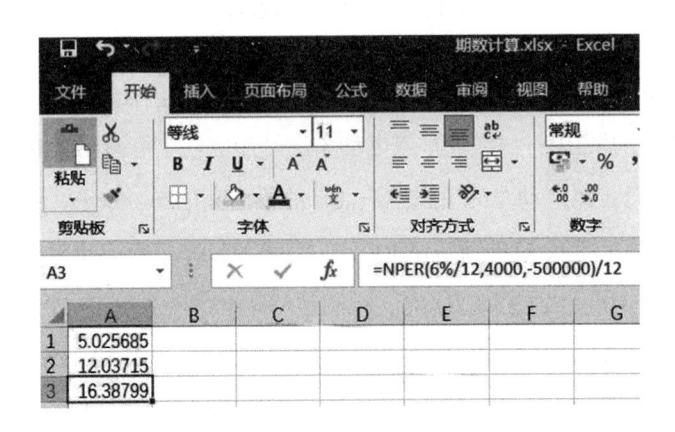

图11-15　计算还款期

六、等额收（付）款计算

在Excel中，用来计算等额收（付）款的函数是PMT，这一函数包含的元素有rate、nper、pv、fv和type，各元素含义与前文所述的相同。

1. 投资回收的年金测算

若以8%的年利率贷款50 000元，用来投资一项寿命期为5年的项目。那么每年最少需要收回多少资金才划算？

在Excel的编辑栏中输入"=PMT（8%,5,-50000）"，点击回车键，结果显示为"¥12,522.82"，如图11-16所示。所以每年最少收回12 522.82元时才划算。

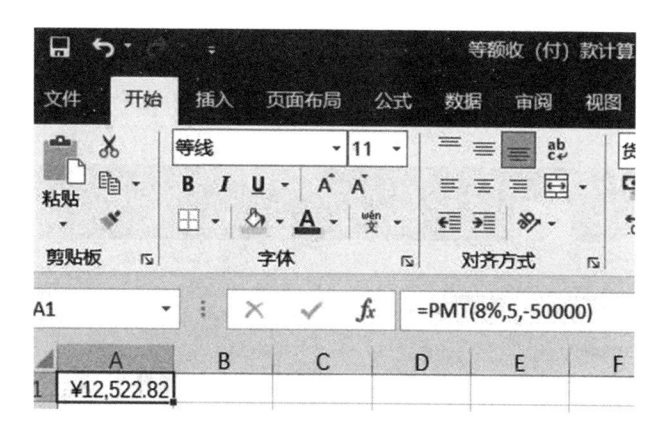

第十一章　Excel在管理会计中的应用

图11-16　投资回收的年金测算

2. 按揭方式下分期收（付）款额的计算

某公司按揭贷款买房，贷款额为1 000 000元，若该公司20年还清，贷款年利率为8%，若每月月底还款，每月需要支付本息多少钱？若每月月初还款，每月需要支付本息多少钱？

在Excel的编辑栏中输入"=PMT（8%/12,20*12,-1000000）"，点击回车键，结果显示为"¥8,364.40"，如图11-17所示，则每月月末需要支付本息计8364.40元。

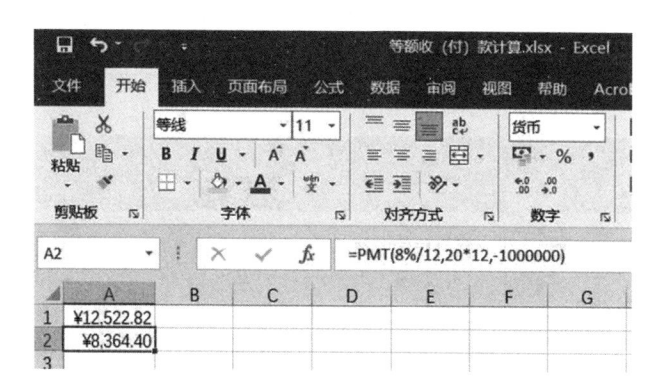

图11-17　按揭方式下分期收（付）款额的计算（1）

在Excel的编辑栏中输入"=PMT（8%/12,20*12,-1000000,0,1）"，

点击回车键，结果显示为"¥8,309.01"，如图11-18所示。每月月初需要还本息计8309.01元。

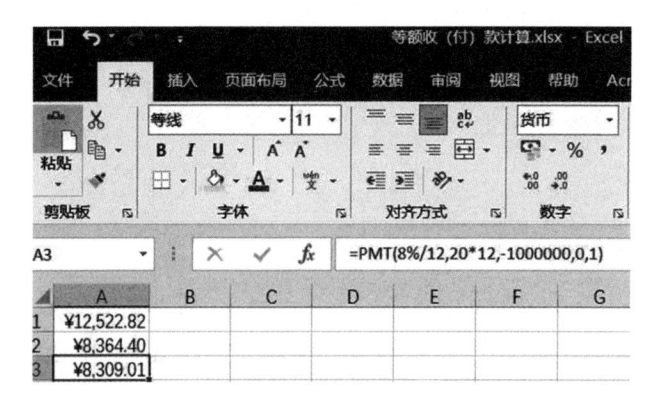

图11-18　按揭方式下分期收（付）款额的计算（2）

3. 养老金存款规划

某公司要为一批20年后退休的员工制定养老金方案，届时，这些员工每月月底可以从银行领取到3000元，共领取30年。假设存款的复利利率为3%，那么该公司需要从今年起每年给每位员工等额存入多少钱？

在Excel的编辑栏中输入"=PMT（3%,20,0,-PV（3%/12,30*12,-3000））"，点击回车键，结果显示为"¥26,481.51"，如图11-19所示，所以该公司需要在银行为每位员工每年存入26 481.51元。

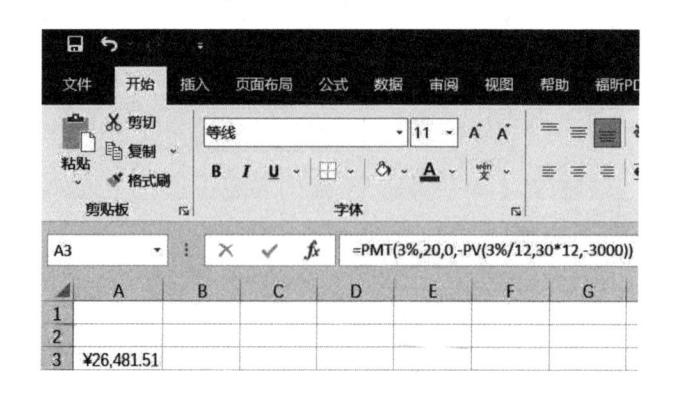

图11-19　养老金存款规划

第二节　敏感性分析

敏感性分析法是指在许多不确定的因素之中找到对目标投资项目的经济效益指标有重要影响的因素，通过对该因素进行分析、测算，计算出它对该项目的经济效益等各项指标的影响程度，由此来判断该项目能够承受多大风险。

敏感性分析对判断项目的潜在风险有很大作用，它能够测算每项不确定因素对目标项目能够产生多大程度的影响。而我们为了更加直观地看出这些因素对目标项目的影响程度，通常使用Excel来绘制图表，这样敏感性分析会更加清晰易懂。

首先，新建一个Excel表，将其命名为"敏感性分析"，然后打开Excel表，在表格中输入将要分析的数据，例如图11-20中，销售量变化会引起收入和成本变化。

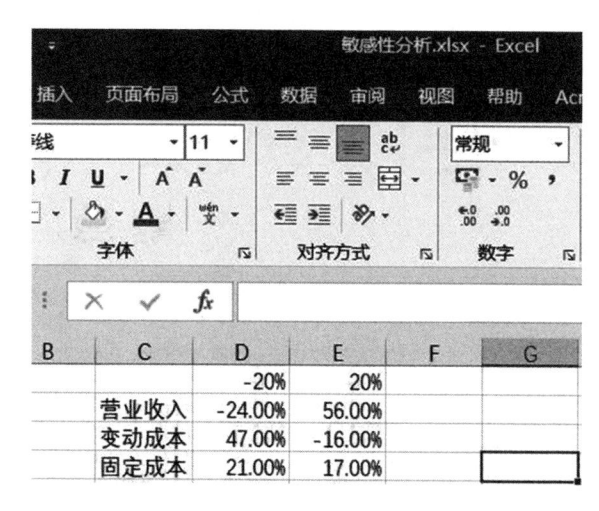

图11-20　输入将要分析的数据

选中表格中的全部数据,创建如图11-21所示的折线图。

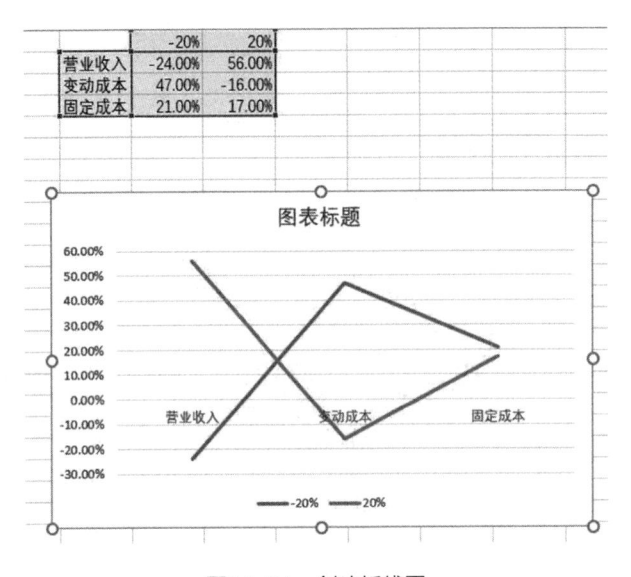

	-20%	20%
营业收入	-24.00%	56.00%
变动成本	47.00%	-16.00%
固定成本	21.00%	17.00%

图11-21　创建折线图

如对折线图进行修改,则需要在折线图上单击鼠标右键,选中工具栏中的"选择数据",如图11-22所示。

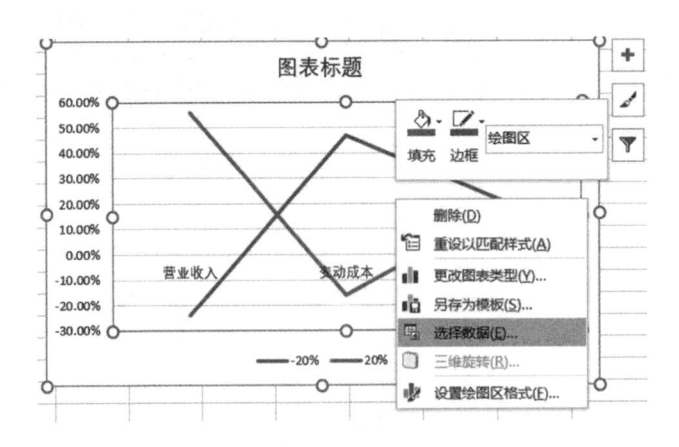

图11-22　选择数据

这时会弹出对话框"选择数据源",如图11-23所示。

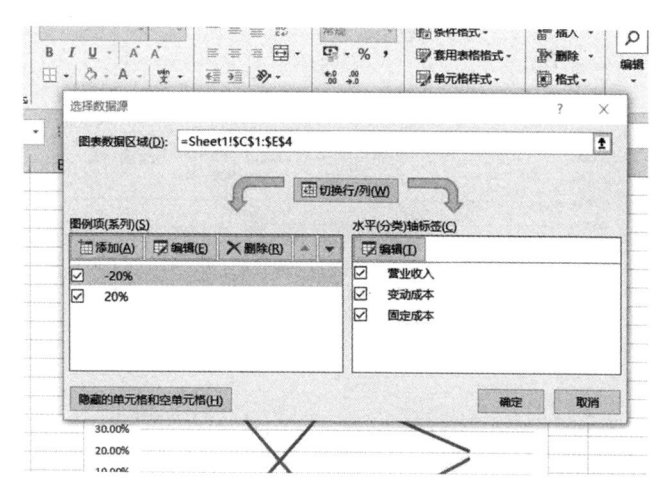

图11-23 选择数据源

单击"选择数据源"中的"切换行/列"选项,再单击"确定",就会得到新的折线图,如图11-24所示。

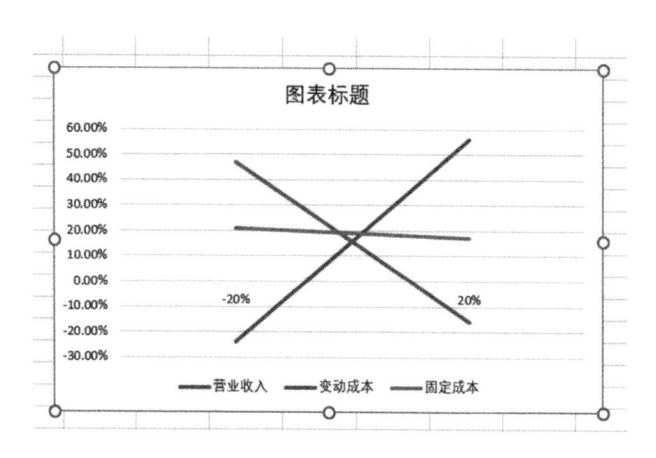

图11-24 得到新的折线图

单击鼠标左键,选中"-20%""20%"这一行横坐标,会出现一个细长的长方形框。在长方形框内单击鼠标右键,选中工具栏中的"设置坐标

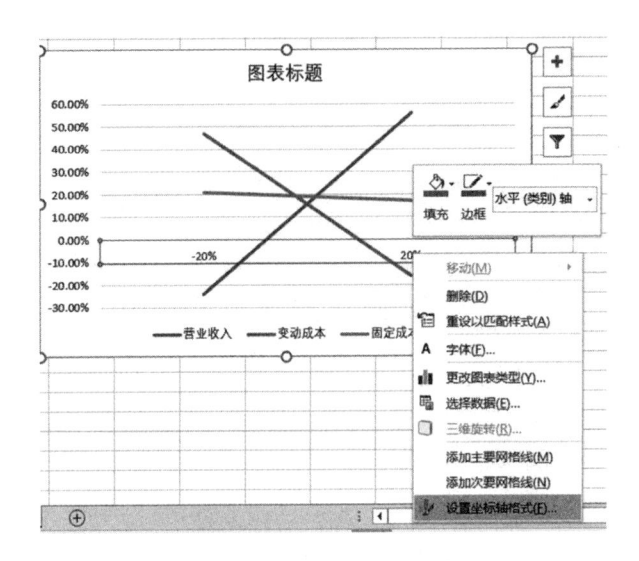

轴格式",如图11-25所。

图11-25　设置坐标轴格式

出现如图11-26所示的侧边工具栏,在"坐标轴选项"下的"纵坐标轴交叉"中,将"自动"改为"分类编号"。

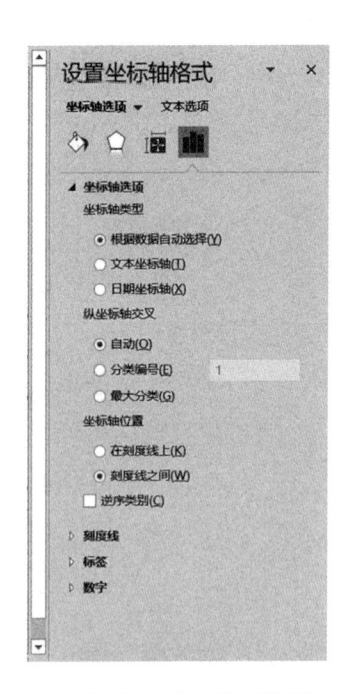

图11-26　将"自动"改为"分类编号"

再将"分类编号"后的数字"1"改为"2",单击回车键,得到如图11-27所示的图表形式的图形。

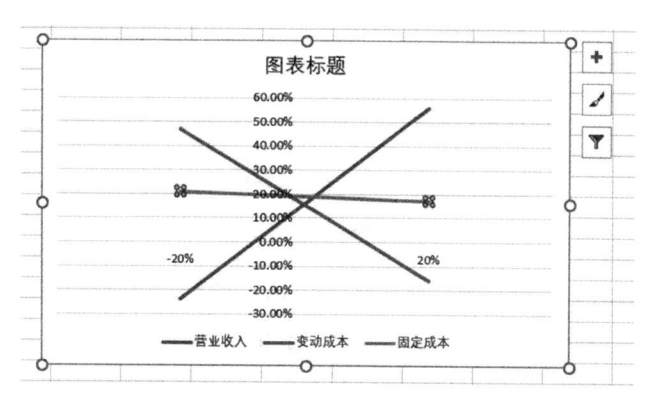

图11-27 图表形式的图形

这样便生成了一幅敏感性分析图,我们还可以对折线的颜色、折线的形状、折线的宽度等进行调整,做成更加清晰易懂的敏感性分析图。

第三节 财务预测

财务预测是管理会计的一个环节，通过分析企业过去的财务活动，结合目前的情况和设定的目标，科学合理地估算和预测企业将来的财务活动和经营成果。它的主要目的在于：预测企业各项商业策略对企业经济效益造成的影响；为企业的最终决策提供科学的依据；预计企业财务的收支变化情况；选择经营目标，并确定各项标准和额度等。财务预测主要包括以下几个环节：明确预测目标、搜集相关资料、建立预测模型、确定财务预测结果等。利用Excel进行财务预测的过程也大抵如此，具体步骤如下。

新建一个Excel表，将其命名为"财务预测"，简写成"cwyc"，双击该表格，开始使用。

在A1：G7表格区域内列出企业2016~2020年的流动资产、固定资产、流动负债、长期负债、销售收入数据与年份的关系（G7表示的是销售收入与年份的关系），如图11-28所示。

	A	B	C	D	E	F	G
1			某公司财务预测模型				
2	年份n	2016	2017	2018	2019	2020	与销售收入的关系
3	流动资产Y1	500000	600000	700000	800000	900000	Y1=A1*X+B1
4	固定资产Y2	1000000	1300000	1500000	1800000	2000000	Y2=A2*X+B2
5	流动负债Y3	250000	300000	350000	400000	450000	Y3=A3*X+B3
6	长期负债	100000	600000	700000	800000	900000	无关
7	销售收入X	800000	1200000	1400000	1600000	1800000	Y=A*n+B
8							

图11-28　在表格内列出2016~2020年的相关数据

选中表格的B2：F2区域，单击鼠标右键，在弹出的快捷菜单中选择“定义名称”，在“新建名称”项下将这一栏数据的名称改为“nf”，单击“确定”，这样就设置了这一栏数据的名称，如图11-29所示。

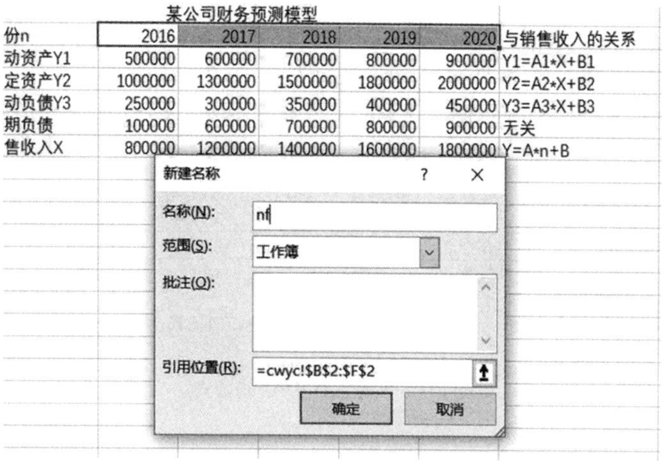

图11-29　设置数据名称

接下来将流动资产一栏的B3：F3选中，按照上一步中的方法将这一栏的名称设置为“ldzc”，将固定资产一栏的B4：F4的名称设置为“gdzc”，将流动负债的B5：F5一栏的名称设置为“ldfz”，将销售收入一栏的B7：F7的名称设置为“xssr”，这样，我们就为接下来的数据计算做好了准备。

在A8：C24表格区域中输入关系模型，如图11-30所示。

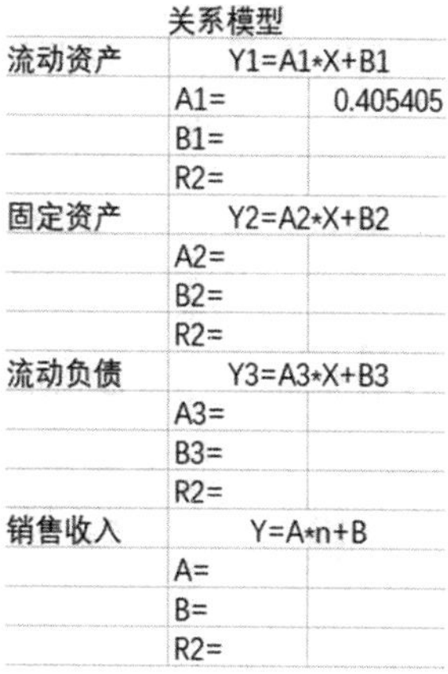

关系模型		
流动资产	Y1=A1*X+B1	
	A1=	0.405405
	B1=	
	R2=	
固定资产	Y2=A2*X+B2	
	A2=	
	B2=	
	R2=	
流动负债	Y3=A3*X+B3	
	A3=	
	B3=	
	R2=	
销售收入	Y=A*n+B	
	A=	
	B=	
	R2=	

图11-30　输入关系模型

接下来我们将计算关系模型中的各个数

值。首先我们在“A1=”后面的单元格中输入计算A1的公式“=INDEX（LINEST（ldzc,xssr,TRUE,TRUE）,1,1）”，点击回车键，得到计算结果“0.405405”，计算过程如图11-31和图11-32所示。

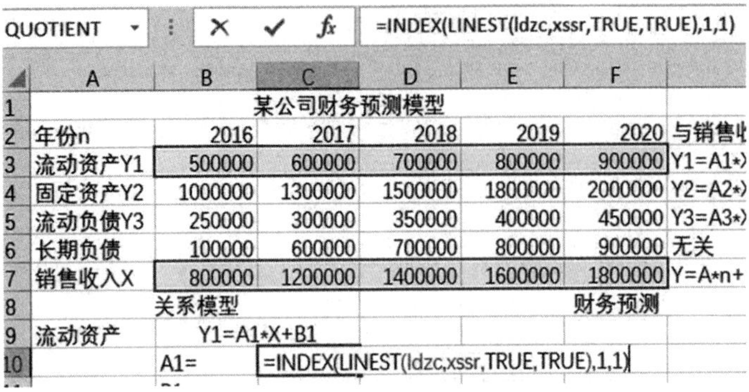

QUOTIENT | =INDEX(LINEST(ldzc,xssr,TRUE,TRUE),1,1)

	A	B	C	D	E	F	
1			某公司财务预测模型				
2	年份n	2016	2017	2018	2019	2020	与销售收
3	流动资产Y1	500000	600000	700000	800000	900000	Y1=A1*X
4	固定资产Y2	1000000	1300000	1500000	1800000	2000000	Y2=A2*X
5	流动负债Y3	250000	300000	350000	400000	450000	Y3=A3*X
6	长期负债	100000	600000	700000	800000	900000	无关
7	销售收入X	800000	1200000	1400000	1600000	1800000	Y=A*n+
8		关系模型				财务预测	
9	流动资产	Y1=A1*X+B1					
10		A1=	=INDEX(LINEST(ldzc,xssr,TRUE,TRUE),1,1)				

图11-31 输入计算A1的公式

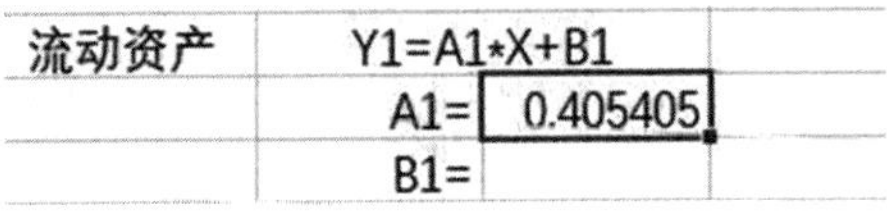

流动资产	Y1=A1*X+B1	
	A1=	0.405405
	B1=	

图11-32 得到计算结果

然后我们在“B1=”后面的单元格里输入计算B1的公式“=INDEX（LINEST（ldzc,xssr,TRUE,TRUE）,1,2）”，点击回车键，得到计算结果“148648.6”，计算过程如图11-33和图11-34所示。

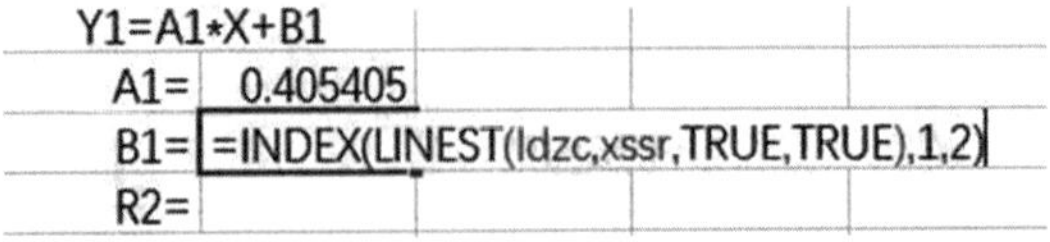

Y1=A1*X+B1	
A1=	0.405405
B1=	=INDEX(LINEST(ldzc,xssr,TRUE,TRUE),1,2)
R2=	

图11-33 输入计算B1的计算公式

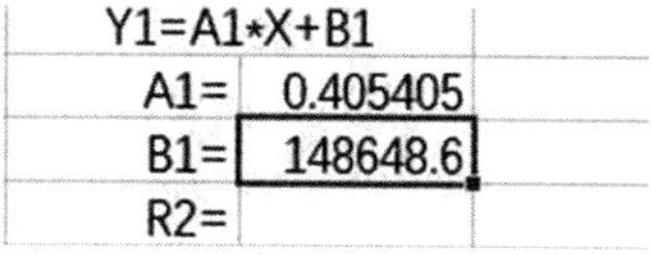

第十一章　Excel在管理会计中的应用

```
Y1=A1*X+B1
   A1=   0.405405
   B1=   148648.6
   R2=
```

图11-34　得到计算结果

剩下的十个模型中的数值我们按照前面的方法分别进行计算，它们的公式见表11-1。

表11-1　C12：C24的公式

单元格	输入的内容
C12	R2=INDEX（LINEST（ldzc,xssr,TRUE,TRUE），3,1）
C14	A2=INDEX（LINEST（gdzc,xssr,TRUE,TRUE），1,1）
C15	B2=INDEX（LINEST（gdzc,xssr,TRUE,TRUE），1,2）
C16	R2=INDEX（LINEST（gdzc,xssr,TRUE,TRUE），3,1）
C18	A3=INDEX（LINEST（ldfz,xssr,TRUE,TRUE），1,1）
C19	B3=INDEX（LINEST（ldfz,xssr,TRUE,TRUE），1,2）
C20	R2=INDEX（LINEST（ldfz,xssr,TRUE,TRUE），3,1）
C22	A=INDEX（LINEST（xssr,nf,TRUE,TRUE），1,1）
C23	B=INDEX（LINEST（xssr,nf,TRUE,TRUE），1,2）
C24	R2=INDEX（LINEST（xssr,nf,TRUE,TRUE），3,1）

将模型中需要的数值都计算出来后，得到的数值如图11-35所示。

	关系模型	
流动资产	Y1=A1*X+B1	
	A1=	0.405405405
	B1=	148648.6486
	R2=	0.972972973
固定资产	Y2=A2*X+B2	
	A2=	1.02027027
	B2=	132432.4324
	R2=	0.98127905
流动负债	Y3=A3*X+B3	
	A3=	0.202702703
	B3=	74324.32432
	R2=	0.972972973
销售收入	Y=A*n+B	
	A=	240000
	B=	-482960000
	R2=	0.972972973

图11-35 得到的数值

完成关系模型中数值的计算后，我们开始进行最终的财务预测。首先我们在D8：G19表格中设计财务预测的表格样式，填入将要计算的数据名称和已知的数据（销售净利率和股利支付率），如图11-36所示。

财务预测		
预测年份		2021
一、预测收入		
二、资产增加额		
	预测年份流动资产	
	预测年份固定资产	
三、减：负债增加额		
	预测年份流动负债	
减：留存收益增加		
	销售净利率	20%
	股利支付率	10%
四、外部融资需求		

图11-36 填入将要计算的数据名称和已知的数据

接下来我们计算表格中的数据，从上至下，我们在G10中输入"=C22*G9+C23"，点击回车键，得到结果"2080000"，过程如图

第十一章 Excel在管理会计中的应用

11-37和图11-38所示。

	预测年份	2021
一、预测收入		=C22*G9+C23

图11-37 输入"=C22*G9+C23"

	预测年份	2021
一、预测收入		2080000

图11-38 得到结果

计算资产增加额首先要计算"预测年份流动资产"和"预测年份固定资产",我们在G12和G13表格中分别输入"=C10*G10+C11"和"=C14*G10+C15",点击回车键得到结果"991891.8919"和"2254594.595",计算过程如图11-39、图11-40和图11-41所示。

预测年份流动资产	=C10*G10+C11
预测年份固定资产	

图11-39 计算"预测年份流动资产"

预测年份流动资产	991891.8919
预测年份固定资产	=C14*G10+C15

图11-40 计算"预测年份固定资产"

预测年份流动资产	991891.8919
预测年份固定资产	2254594.595

图11-41 得到"预测年份流动资产"和"预测年份固定资产"的计算结果

我们按照上面讲述的方法将其余的计算完成,对应公式见表11-2。

表11-2　其他数值的计算公式

资产增加额	=SUM（G12:G13）-SUM（F3:F4）
预测年份流动负债	=C18＊G10+C19
减：负债增加额	=G15-F5
减：留存收益增加	=G10＊0.2＊（1-0.1）
外部融资需求	=G11-G14-G16

得到如图11-42所示的结果，这样我们的财务预测表格就制作完成了。

某公司财务预测模型					
2016	2017	2018	2019	2020	与销售收入的关系
500000	600000	700000	800000	900000	Y1=A1＊X+B1
1000000	1300000	1500000	1800000	2000000	Y2=A2＊X+B2
250000	300000	350000	400000	450000	Y3=A3＊X+B3
100000	600000	700000	800000	900000	无关
800000	1200000	1400000	1600000	1800000	Y=A＊n+B

关系模型		财务预测	
Y1=A1＊X+B1		预测年份	2021
A1= 0.405405405	一、预测收入		2080000
B1= 148648.6486	二、资产增加额		346486.4865
R2= 0.972972973		预测年份流动资产	991891.8919
Y2=A2＊X+B2		预测年份固定资产	2254594.595
A2= 1.02027027	三、减：负债增加额		45945.94595
B2= 132432.4324		预测年份流动负债	495945.9459
R2= 0.98127905	减：留存收益增加		374400
Y3=A3＊X+B3		销售净利率	20%
A3= 0.202702703		股利支付率	10%
B3= 74324.32432	四、外部融资需求		-73859.45946
R2= 0.972972973			
Y=A＊n+B			
A= 240000			
B= -482960000			
R2= 0.972972973			

图11-42　财务预测表格制作完成

第四节　全面预算的编制

全面预算是指以企业的发展战略为根本方向，对企业的未来经营环境进行预测，按照目标，将信息分层传递到企业中的各经济单位并贯彻实施，最终将企业的生产经营的计划安排以价值形式反映出来。

1. 销售预算

销售预算是全面预算的开始，是做后续预算的必要准备。计算它的目的是确定单价和销售量，以销定产是大多企业生产的原则，唯有确定当期销售额，才能将企业所需资金和原料敲定，然后才能预计现金流、存货等的数量，所以全面预算的基础就是销售预算，全面预算的准确性由销售预算确定。

2. 生产预算

在销售预算完成后才能编制生产预算，因为销售预算中的预计销售量是用来确定该期生产量的重要参数，预留存货仍然是大部分企业所需要的，所以预算生产量=预算销售量-期初存货量+期末存货（目标存货量）。期初存货量就是上期资产负债表中的期末存货数量。

3. 直接材料预算

直接材料预算要在生产预算完成后才能开始编制，因为生产预算中的预计生产量是用来确定原料需求量的重要参数，同时，还应该考虑到原材料的期初数量和期末数量。所以，原料需用量=预计生产量×单耗-起初原料结余量+目标原料结余量。制造单件商品消耗的原料数量就是单耗，需要依据以往的生产经验确定，单耗一般变动不大，除非有生产技术的革新，可以预计后续生产的单耗数量会有所降低。

购买原料时一定会对现金流的数量产生影响，但用来购买原料的金额通常与现金的流出量不完全相同，要依据很多现实的情况，比如根据企业的信誉、整体的预算和现金折扣等进行调整，从而最终确定每期的付款额。

4. 直接人工预算

直接人工预算也要在生产预算完成后才能开始编制，因为生产预算中的预计生产量是用来确定直接人工预算中工时的重要参数，工时数与单耗相似，是单位产品的一个参数，影响单位产品的成本。工时的价格就是生产单个产品消耗的时间所对应的人力价格，也就是员工工资的基准，它会受到社会平均工资变动和技术变化的影响。一般，预计人工成本的计算公式如下：

预计的人工成本=预计生产量×单位产品工时定额×单位工资率

5. 制造费用预算

制造费用预算的分配是在根据基础资料区分变动制造费用、固定制造费用以及工时的基础上来确定的。变动制造费用的变动率=变动制造费用/工时总额，固定制造费用的变动率=固定制造费用/工时总额。由于固定制造费用中含有不需要支付的摊销和折旧费用，导致费用支出和现金流出不完全相同，所以现金流出额=制造费用总额−折旧和摊销额。

6. 产品成本预算

在前文所述的所有预算都完成后，才能编制产品成本预算，同时要知道直接材料的单耗和价格、直接人工的单位工时和工资率、变动制造费用单位工时和分配率的乘积之和，才能做出产品单位成本的预算。产品单位成本的计算公式如下：

单位成本=直接材料单耗×价格+单位工时×工资率+单位工时×分配率

生产预算的预计产量还要用来计算总成本，总成本的计算公式如下：

总成本=单位成本×预计产量

期末存货的金额通过单位成本就可以计算出来，即：

期末存货金额=期末存货数量×产品单价

7. 销售及管理费用预算

销售及管理费用预算需要以过去几年的销售和管理费用为基础进行编制，前三个年度的平均费用额会被作为主要参考因素，除此之外还需要考虑外界因素，比如经济环境等。销售及管理费用预算的现金流出额和费用支出额也不完全相同，因为其中包含了摊销和折旧。

8. 现金预算表

要将之前介绍过的现金流量的预算完成后才能开始编制现金预算表，因为需要看到各个表的现金流动情况，确认该期的现金是否足够使用，需不需要借贷。

现金预算表（表11-3）分为四个方面：可动用现金、现金支出、现金盈余或不足、融通资金，在这之中，可动用现金=销售的回收金额+期初现金。直接材料支出、直接人工支出、制造费用支出、销售及管理费用、所得税、应付股利、购进设备等的总数就是现金支出。现金盈余或不足=可动用现金-现金支出,现金盈余时不需要借贷,当现金不足时要从银行或者其他地方进行融资,这就又涉及有盈余时要对借贷的本息进行偿还。期末现金余额=现金盈余或不足+贷款金额-偿还的利息和本金。

表11-3 现金预算表

单位:元

摘要	2020年 季度 1	2	3	4	全年合计
期初现金余额	50 000	78 500	50 700	50 800	50 000
加:现金收入	270 000	320 000	460 000	440 000	1 490 000
可动用现金合计	320 000	398 500	510 700	490 800	1 540 000
减:现金支出					
直接材料	53 600	83 900	114 500	107 500	359 500
直接人工	44 000	82 000	98 000	78 000	30 2000
制造费用	37 650	37 650	37 650	37 650	150 600
销售及管理费用	26 250	26 250	26 250	26 250	105 000
所得税	80 000	80 000	80 000	80 000	320 000
支付股利				40 000	
购进设备		400 000			400 000
支出合计	241 500	709 800	356 400	369 400	167 7100
现金盈余或不足	78 500	-311 300	154 300	121 400	-137 100
融通资金: 借款(期初)		362 000			362 000
还款(季末)			99 000	103 000	202 000
利息(年利率)			4 500	7 725	12 225
融通资金合计		362 000	-103 500	-110 725	147 775
期末现金余额	78 500	50 700	50 800	10 675	10 675

第十一章 Excel在管理会计中的应用

9. 预计利润表

预计利润表要在完成前文所述的预算报表后才能开始编制。销售出去的产品预算就是销售收入，产品成本预算的单位成本和预计销售量的乘积就是变动生产成本，变动数据就是变动销售管理费用，营业净利=营业成本−变动成本−固定成本，税后净利=营业净利−利息费用−所得税。将上述项目完成后，预计利润表的编制工作就完成了。

10. 预计资产负债表

预计资产负债表（表11-4）也要在前文所述的预算报表完成后才能开始编制。现金预算表中的期末现金余额就是预计资产负债表中的货币基金，销售预算中的营收与实收的差额就是应收账款，直接材料表中的期末材料数量和单价的乘积就是产品存货。土地和房屋设备属于非流动资产，期末数=期初数+本年增加−累计折旧。长期借款和应收账款属于负债，直接材料预算中应付账款与已付账款的差额为未来应支付的剩余款项，现金预算中资金融通中所贷的款项是长期借贷，股本和未分配利润属于所有者权益，未分配利润=期初+本年净利−应付股利。

表11-4 预计资产负债表

单位：元

资产	金额	负债及所有者权益	金额
流动资产		负债	
货币资金	10 675	应付账款	39 000
应收账款	160 000	长期借款	160 000
材料存货	10 000	合计	199 000
产成品存货	15 300		
合计	195 975		
固定资产		所有者权益	

（续表）

资产	金额	负债及所有者权益	金额
土地	100 000	普通股股本	300 000
房屋及设备	900 000	未分配利润	511 975
累计折旧	185 000	合计	811 975
合计	815 000		
资产合计	1 010 975	权益合计	1 010 975